이제, 바를 正을 만날 시간

AMO TE ERGO SUM

이제 바를 正을 만날 시간

2014년 2월 7일 초판 인쇄
2014년 2월 17일 초판 발행

저자 / 조용균
발행자 / 박흥주
영업부 / 장상진
관리부 / 이수경
발행처 / 도서출판 푸른솔
편집부 / 715-2493
영업부 / 704-2571~2
팩스 / 3273-4649
디자인 / 여백커뮤니케이션
주소 / 서울시 마포구 도화동 251-1 근신빌딩 별관 302호
등록번호 / 제 1-825

ⓒ 조용균 2014

값 / 12,000원
ISBN 978-89-93596-47-2 (03300)

* 이 책은 『도대체 정의란 놈은 어디에 있는가』 개정 증보판입니다.

이제,
바를 正을
만날 시간

조용균 변호사의
정의가 살아 숨 쉬는
정도국가론

조용균 지음

　마이클 샌델의 『정의란 무엇인가』가 국내에서 출간된 이후 우리나라에서도 정의가 화두이다. 이는 단지 저자가 어려운 주제를 이해하기 쉽게 잘 풀어썼기 때문만은 아니라고 생각한다. 우리나라는 짧은 기간 동안 전 세계에 유래가 없는 고도의 압축성장을 하면서 물질적으로 어느 정도 풍요로운 사회를 이루었으나, 그 과정에서 발생한 부조리에 대하여 상대적으로 눈을 감고 용인하였다. 그러나 사회의 양극화 현상이 대두되면서 그 해결을 위해서는 단순히 물질적인 풍요뿐만 아니라 정신적인 성숙이 필요하다는 것을 깨닫게 되었고, 그에 따라 자연스럽게 정의에 대하여 고민하게 된 것이 아닌가 생각한다.

　정의라는 개념이 가진 추상성으로 인하여 그 실체를 파악하려면 막연한 느낌이 든다. 그래서 그런지 군사독재를 하던 분도 국정운영의 이념으로 '정의로운 사회 건설'을 부르짖은 적이 있을 정도로 정의라는 개념은 오남용이 되는 경우가 많다. 그런 점에서 진정한 의미의 정의는 무엇이고 과연 정의는 우리가 살고 있는 지금 여기에 살아 움직이고 있는가 하는 의문이 든다. 그러나 생각해 보면 정의는 눈에 확 띄지는 않지만 분명히 우리의 일상생활 속에서 살아 숨 쉬고 있다고 생각한다. 그렇기 때문에 우리는 희망을 가지고 사는 것이 아닌가 한다. 특히 필자와 같이 법을 통하여 세상을 바라보는 직업을 가진 사람의 입장에서 보면 수많은 판결을 통하여 정의가 조금씩 구현되고 있다고 생각한다. 물론 오판을 통하여 정의가 무너지는 경우도 있을 것이다.

이 책은 세 부분으로 구성되어 있다. 첫 번째 부분은 필자가 16년간의 판사와 7년간의 변호사로 생활하면서 다루었던 구체적인 사건을 중심으로 그 사건이 재판과정에서 어떻게 다루어지고 판단되는지를 보여줌으로써 추상적으로 생각되던 정의라는 관념이 어떻게 우리 생활에서 구체적으로 구현되거나 좌절되는지를 보여주고 싶어 집필하였다. 그리고 현재 재판 결과가 정의에 부합하지 못하고 있다는 많은 사람들의 우려를 반영하여 『도대체 정의란 놈은 어디에 있는가』라는 다소 엉뚱한 제목을 달았다. 너무나 당연한 이야기이지만 필자가 다루었던 사건들인 만큼 필자에게 우호적인 시각으로 사건을 바라볼 수밖에 없는 한계가 있다는 점을 양해해 주기 바란다.

두 번째 부분에서는 필자가 늘 꿈꾸어 오던 '바르고 강한 나라'를 만들기 위하여 어떻게 하여야 하는지에 대한 평소 생각과 일간지 등에 기고한 글들을 모아보았다. 글의 시재성에 비추어 보면 현재의 상황과 다를 수도 있으나 글을 쓸 당시의 상황에서 느꼈던 점을 알려주고 싶어 글을 실었다. 세상이 돌아가는 원리나 원칙은 시시때때의 사실에 의하여 크게 좌우되지 않는다고 믿는다. 나무가 아닌 숲을 볼 줄 아는 독자들의 혜안을 믿는다. 졸필이지만 강호제현들의 엄격한 지도편달을 부탁드린다.

마지막 부분에는 현재 우리나라 헌법의 전문全文을 게재하였다. 현재의 헌법을 통하여 우리가 이루려는 '사회적 통합社會的 統合'의 이념 및 가치와 제도적 수단은 무엇이 있는지를 생각해 보고, 더 보완하고 수정할 부분이 있는지를 생각해 볼 수 있는 기회를 제공해보고 싶었다.

2012년 9월 인천 학익동 사무실에서

처음 졸저를 낸 후 각계의 분에 넘치는 관심과 사랑을 확인하니 몸 둘 바를 모르겠다. 의외로 독자들이 실제 사건을 다룬 '정의의 편린' 편에 나온 이야기에 대하여 호의적인 반응을 보이는 모습을 보고 우리 사회에 정의를 갈구하는 희망이 아직 살아 있음을 확인하면서 새로운 꿈을 가지게 되었다.

초판에서 다 못한 이야기와 이야기에 대한 간단한 촌평을 추가하였고, 초판 이후 18대 대선 과정에서 격발된 사회적 갈등을 보면서 느낀 단상을 정리한 글을 보충하였다. 그리고 종래의 '정도국가론'에 들어가 있던 인천과 관련된 이야기를 '오 내사랑, 인천!'이라는 편으로 따로 정리해보았다. 필자가 나서 자란 내 고향 인천을 위한 충언으로 받아주기 바란다.

2014년 1월 인천 학익동 사무실에서

차례

제 2부 정도국가론 正道國家論

정의의 편린片鱗들

1

정의는 정말 존재하는 것일까? 존재한다면 어떤 모습으로 우리 생활에
나타나는 것일까? 우리는 너무 추상적인 개념의 정의론에 빠져 정의의
살아 있는 모습을 보지 못하고 있는 것은 아닐까? 수많은 사건을 접해
보면서 정의의 전 모습은 아니지만 그 편린을 통하여 우리 생활에 살아
숨 쉬고 있는 정의의 모습을 그려볼 수 있는 것은 아닐까 생각해본다.

검찰의 이례적
일처리에 따른 혼란

변호사 시절에 있었던 이야기이다.

지방선거에서 지방자치단체의 장으로 출마한 모 정당의 후보와 관련하여 수년 전에 외국에 나가서 현지의 대기업 직원들로부터 성접대를 받은 사실이 있는지 여부에 대하여 반대후보가 공개질의를 하였고 급기야 서로 상대방에 대하여 형사고발을 하기에 이르렀다. 검찰은 일단 반대후보가 제기한 공개질의가 허위인 것으로 판단하여 그 반대후보 일행을 공직선거법상의 비방죄로 공소제기를 하였다.

우연치 않게 공소 제기된 그 반대후보 일행의 한 명을 변호하게 된 필자는 검찰이 증거로 제출한 수사기록을 살펴보고는 깜짝 놀랐다. 성접대 여부와 관련된 사실에 대하여 각 진술인 간의 진술에 모순된 점이 발견됨에도 불구하고, 어찌된 영문인지 검찰은 그 당시 무슨 일이 일어났는지를 철저히 규명하지 않은 상태에서 그 의문을 제기한 반대후보 일행들에게만 공개질의가 진실임을 뒷받침하는 객관적인 증거를 대라고 추궁하였던 것이다. 그리고 객관적인 증거를 대지 못한다는 이유로 그들에 대해서만 공소를 제기하였다.

검찰의 태도가 더욱 이해되지 않은 것은 형사재판과정에서 일어났다. 통상 검찰은 관계인의 진술이 기재된 문서를 형사재판의 증거로 제출하는 경우에 상대방 피고인들이 그 문서를 증거로 함에 동의하지 않는 경우에는 그 진술을 한 진술인을 형사법정의 증인으로 불러 그 진술의 진위 여부를 판사 앞에서 밝히고 반대쪽 피고인들로 하여금 그 진술의 신빙성을 탄핵할 수 있는 기회를 부여한다.

필자도 물론 비방의 대상이 된 정치인의 진술이 기재된 문서를 증거로 하는 데 동의하지 않았고 당연히 검찰에서 그 정치인을 증인으로 신청할 것을 예상하여 그 진술 부분 중 모순되는 부분을 추궁하기 위하여 재판 준비를 하였다. 그런데 어찌된 영문인지 검찰에서는 그 정치인을 증인으로 신청하지도 않았고 그 정치인의 진술이 기재된 문서를 증거로 제출하지 않겠다고 증거철회를 한 것이다. 필자가 지금까지 형사재판을 경험하면서 한 번도 겪어보지 못한 검찰의 태도였다. 오히려 거꾸로 필자가 실체 규명을 위하여 그 정치인을 증인으로 신청하였으나, 그 정치인은 공사가 다망하시다는 이유로 출석을 하지 않았다.

그런 상태에서 사건은 그 정치인이 성접대를 받지 않았다고 볼 증거가 없다는 이유로 그 정치인에게 불리한 판결이 났다. 이후 그 사건은 고등법원에 항소가 되었고 고등법원에서도 같은 결론이 났다.

그러나 대법원에서는 공직선거법 제250조 제2항에 규정한 허위사실공표죄와 관련하여, 공표된 사실의 존재를 주장하는 사람이 단순히 소문을 제시하는 것만으로는 부족하고 적어도 허위성에 관한 검사의 증명활동이 현실적으로 가능할 정도의 구체성을 가진 소명자료를 제출하여야 하고, 위와 같은 소명자료의 제시가 없거나 제시한 소명자료의 신빙성이 탄핵된 때에는 허위사실공표로서의 책임을 져야 한다는 기존 대법원 판례에 따라, 피고인들이 제시한 소명자료가 위의 경우에 해당한다는 이유로 피고인들에게 불리한 판단을 하였다.

피고인들은 후보자의 공직담당적격의 검증을 위한 언론의 자유를 보장하여야 한다는 점에서 피고인들이 직접 제시한 소명자료가 부족하더라도 재판과정에서 드러난 여러 의문사항이 해소되지 않는 한 함부로 그 의문을 제기한 피고인들에게 허위사실공표의 책임을 물을 수 없다고 강력히 주장하였으나, 받아들여지지 않았다.

결국 성접대를 받았다고 의심받은 그 정치인은 현행 재판제도 아래에서 제도적으로 그런 사실이 진실하다는 증거가 없다는 판단을 받았다. 그렇다면 그로 인하여 처벌받은 피고인들은 억울하다고 생각하더라도 그 제도적 진실이 실체적 진실과 일치하는지 여부를 불문하고 이를 진실로 받아들이는 것이 법치국가 국민으로서의 올바른 태도일 것이다.

어떻든 이 사건 재판과정을 통하여 한 가지 아쉬운 점은 만약 검찰이 다른 일반 형사사건과 마찬가지로 필자가 그 정치인의 진술이 기재된 문서를 증거로 하는 데 동의하지 않았을 때 그 정치인을 법정에 출석하게 하여 자신을 둘러싼 추문을 해명할 기회를 충분히 주었다면 굳이 그 진실을 둘러싸고 대법원까지 가는 지리한 공방을 하지 않았어도 되었을 것이라는 점이다.

다행히 대법원의 지혜로운 판단에 따라 상대방 후보가 그 정치인을 비방한 것으로 결론이 나서 최종적으로 그 정치인에게 유리한 판결로 종결되었으니 망정이지, 만약 그와 같은 증인신문절차의 생략으로 인하여 그 정치인에게 1심이나 고등법원에서와 같은 불리한 판단이 내려졌다면 검찰은 그 정치인에 대하여 엄청난 직무유기의 범죄를 저지른 것이 될 뻔하였다.

검찰이 통상 예상되던 일처리를 이례적으로 처리하였을 경우 얼마나 국력이 소모적으로 낭비될 수 있는지를 생각하게 하는 사건이었다.

경찰관의 힘

지방에서 형사단독판사 시절에 있었던 이야기이다.

그 지방의 경찰서 수사과장이 차에 애인을 태우고 놀러가던 중에 중앙선 부근에서 마주 오는 차량과 충돌하는 사고가 발생하였다. 상대방은 학생으로 대구에서 차를 렌트하여 여름휴가차 놀러오다가 사고를 당한 것이다. 그런데 처음에 사고장소를 관할하는 경찰서에서 조사할 때에는 수사과장이 피의자로 되었다가, 어찌된 영문인지 수사과장의 주소지를 관할하는 경찰서로 사건이 이송되자마자 학생이 피의자신분이 되었다. 그 학생은 영장이 청구되어 구속되었고 기소가 되어 필자에게 사건이 배당되었다.

그 학생의 변호를 맡은 변호인이 집무실로 찾아와 부당한 수사로 억울하게 기소되었다면서 보석신청을 하였으니 판단을 빨리 좀 해달라고 부탁하였다. 기록을 받아보니, 누가 중앙선을 침범하였는지 각자 감정인을 내세워 본인들의 주장을 하면서 치열하게 다투는 바람에 기록이 상당히 두꺼

웠다. 그래서 그 변호인에게 빠른 시일 내에 보석 여부를 검토하겠다고 약속한 후 퇴근하면서 보따리에 그 기록을 싸가지고 집에 갔다.

저녁을 먹은 후 대충 각자의 주장이 어떤지 알아볼 요량으로 기록을 읽어 내려가다 보니, 사고현장에 나타난 충돌 흔적들과 그 학생의 사고 경위 주장이 일치한다는 느낌을 받았다. 학생의 주장에 의하면 렌트한 자동차의 카세트테이프가 끼는 고장이 나서 힐끔힐끔 보면서 카세트플레이어를 고치며 운전하였는데, 고개를 들어 전방을 보니 갑자기 사고차량이 마주오고 있었다는 것이다. 경찰조서상으로는 그렇게 카세트플레이어를 고치느라고 전방을 보지 못한 것이 5초가량 되었다고 기재되어 있었다. 시속 80킬로미터의 국도상에서 5초간 전방을 보지 않고 카세트플레이어를 만지면서 운전하였다는 것은 도저히 상식적으로 납득이 가지 않았다.

기록을 자세히 보기 시작하였고 밤을 꼬박 지새우면서 머릿속에서 두 사람의 차량을 수십 번 정도 충돌시켜 본 후 새벽녘에 이르러 중앙선 침범을 한 자는 경찰관이라는 확신이 섰다. 아침을 먹는 둥 마는 둥 법원에 출근하자마자 바로 그 학생의 보석을 받아들여 석방시켰고, 불구속 재판 후에 무죄취지의 판결을 선고하였으며, 사건은 항소되자마자 항소 기각되어 종결되었다.

그런데 그 이후 그 학생이 경찰관을 상대로 중앙선을 침범하여 사람을 다치게 하였다는 혐의로 고소를 하였으나, 증거가 부족하다는 이유로 혐의없음 처분을 받았다고 한다. 시골동네에서 경찰서 수사과장의 힘이 얼마나 막강한지 알 수 있는 사건이었다.

동네 변견도 자기 지역에서는 반은 접고 들어간다는 말이 있다. 한낮 지방경찰서 수사과장의 힘이 저 정도니, 막강한 권력자들의 밝혀지지 않은 비리로 인하여 얼마나 많은 민초들이 도탄에 신음하고 있겠는가.

국가권력의
횡포

대법원 재판연구관으로 근무하면서 보고한 사건이다.

지금은 간접투자금융상품이 일반화되어 상황에 따라 투자한 원금 손실도 발생할 수 있다는 것이 잘 알려져 있다. 하지만 IMF 환란 이전에는 간접투자금융상품에 대한 일반 투자자들의 이해도 부족하고 법리도 연구되지 않았을 뿐만 아니라 채권시장도 형성되지 않아 채권의 시가가 아닌 장부가라는 준시가를 이용하여 금융시장을 운영하던 때였다.

투자자들은 간접투자금융상품을 원금이 보장되면서 시중은행 이자보다 이율이 괜찮은 정기예금 정도로 인식하고 투자하였다. 그러나 IMF 환란으로 인하여 투자한 채권의 가격이 크게 하락하자 간접투자금융상품을 판매한 증권회사들이 환매권을 행사한 투자자들에게 그 하락한 가격을 반영하여 실제 가격으로 산정된 금액을 지급하여야 하는지, 아니면 장부가로 계산된 가격으로 산정된 금액을 지급하여야 하는지가 쟁점이 된 사건이었다. 간접투자금융상품의 본질상 전자의 방식으로 계산된 실제 가격으로 지급하는 것이 옳으나, 당시에는 우리나라 금융시장이 발달되지 않아 장부가로 계산된 금액으로 지급하겠다고 약정하였기 때문에 필자는 후자의 방식에 의하여 계산된 금액을 지급하여야 한다는 취지로 보고를 올렸다.

그런데 필자가 보고한 방식대로 지급할 돈을 계산하면 증권회사들은 추가로 수천억 원의 돈을 지급하여야 하고 간신히 IMF 환란에서 수습된 금융시장에 또 다시 큰 요동이 생기게 된다. 결국 대법원은 기존 사회에서 금융당국이 이루어놓은 질서를 유지한다는 차원에서 전자의 방식에 의한 해결책대로 판결을 선고한 원심을 확정했다.

그러나 필자는 증권회사와의 약정을 믿고 투자한 투자자들의 신뢰를 배신하는 내용의 판결이라는 점에서 위 대법원 판결은 문제가 있다고 생각한다. 물론 후자의 방식에 의하는 경우 금융시장에 큰 요동이 오겠지만, 증권회사와의 약정을 믿고 국가, 특히 사법기관이 그 믿음을 보호해줄 것이라고 신뢰한 투자자들을 위해 사법부는 신뢰라는 무형의 큰 재산을 지켜낼 수 있었을 것이다. 그 신뢰를 저버림으로 인한 손실은 어떻게 보충할 수 있을까?

공자 왈, 믿음이 없으면 국가를 이루지 못한다고 하셨는데… 코앞의 혼란만 생각하고 원칙 없이 일을 처리하였다가 훗날 더 큰 비용과 혼란을 초래하는 사건을 우리는 얼마나 많이 목도하고 있는가.

꼬장꼬장한
성격 때문에

지방에서 형사배석판사 시절에 있었던 이야기이다.

필자가 근무하던 곳은 바닷가에 풍광이 좋은 해수욕장이 많기로 유명한 곳이었다. 그래서 여름이면 근처 대도시에 있는 술집 아가씨들이 바캉스 겸 술장사를 하려고 장기간 체류하는 경우가 많았다.

당시 그곳에 있는 유명한 대형 조선소의 총무과에서 일하던 30대 중반의 남자가 퇴근시간에 자전거를 타고 귀가하던 중 길가에서 20대 중반의 아가씨가 "아저씨 놀다가세요"라면서 호객행위를 하는 소리를 들었다. 다른 사람 같으면 그냥 지나쳤을 텐데, 이 양반은 성격이 꼬장꼬장하고 옳지 않은 일을 보면 그냥 지나치지 못하는 분이었다.

그래서 남자가 자전거를 세우고 "뭐라고 그랬냐"면서 따지다 시비가 붙었다. 서로 실랑이를 벌이다가 여자는 불리해지자 경찰서에 가서 남자가 자신을 강제로 길거리 옆 밭에 눕힌 후 강간을 하려 하였다고 진술하였다. 졸지에 강간치상의 파렴치범으로 몰린 남자는 구속되었다.

현장검증을 위해 부장님과 함께 사고현장을 가보았는데, 여자를 강간하려는 범행 장소로는 너무 개방되어 있다는 느낌이 들었다. 법정에 출석하여 당시 상황을 진술하는 피해자의 진술도 미덥지 못했다. 다행히 그 길가 부근의 집 옥상에서 두 사람이 싸우는 것을 목격한 할머니가 계셔서 증언을 해주셨는데, 그분 말씀이 자신은 부부가 싸우는 줄 알았다고 한다. 그 성격이 꼬장꼬장한 남자는 결국 억울하게 구속된 지 100여 일만에 보석으로 풀려난 다음 무죄취지의 판결을 선고받았다.

그렇다고 불의나 비행을 보고도 못 본 척, 듣고도 못 들은 척, 알고도 모른 척 할 수도 없으니, 필부의 세상 살기가 쉽지 않네요.

남는 불법행위
장사

변호사 개업 당시 있었던 사건이다.

어떤 친구가 관광버스 한 대를 구입하여 그 버스의 소유명의를 관광버스회사로 해놓고 실질적으로는 자신이 운영하는 이른바 지입계약에 의한 지입차주로 영업을 하고 있었다. 그런데 다른 지입회사인 관광버스회사의 임원이 그 친구에게 상당히 좋은 지입계약 조건을 제시하면서 버스의 소유명의를 자신의 회사로 변경할 것을 권유하였다. 이 친구는 그 제시된 조건이 너무 좋아 앞뒤 생각해보지 않고 그 지입회사와 구두로 지입계약을 체결하였다.

하지만 새로이 지입계약을 체결한 회사는 기존의 지입차주들이 처우에 불만을 느껴 이탈하자, 회사 명의로 된 버스의 대수가 줄어드는 것을 방지하기 위하여 이 친구처럼 다른 회사 소속으로 되어 있는 지입차주들에게 무리하게 좋은 조건을 제시하면서 그 소속의 변경을 권유하였나보다.

얼마 지나지 않아 새로운 지입회사가 구두로 한 약속을 이행할 생각이 없다는 것을 알게 된 이 친구는 회사에 강력하게 항의를 하였다. 그러자 그 회사는 이 친구에게 지입회사 소속의 변경을 권유한 임원과 허위로 그 임원이 회사에 대하여 기천만 원 상당의 채권을 가지고 있다는, 강제집행할 수 있는 법률문건을 만들었다. 그런 후 그 회사 명의의 버스들 가운데 유독 그 친구가 실질적으로 사용하고 있는 버스를 골라 강제경매를 신청하여 결국 그 버스를 처분해 버렸다.

졸지에 생계수단을 잃어버린 그 친구는 필자에게 도움을 호소하였다. 필자는 그 버스회사를 상대로 허위의 채무를 가지고 강제집행을 함으로써 타인에게 처분된 버스의 법정허용 운영기간 동안 그 친구가 정상적으로 버스운송 영업을 하였다면 벌 수 있는 수익 상당의 손해가 그 버스회사의 고의적인 불법행위로 인하여 발생하였다는 것을 근거로 수억 원의 손해배상을 청구하는 소송을 제기하였다.

그런데 문제는 재판부가 그 버스회사의 고의적인 불법행위를 인정하면서도 그 불법행위로 인하여 발생한 손해는 강제집행에 의하여 버스의 실질적인 소유권을 상실한 그 친구가 새로운 버스를 구입하여 다시 영업을 개시할 수 있을 것이라고 예상되는 기간 동안의 영업손실에 국한된다는 판단 아래 필자가 청구한 금액을 받아들이지 않았다.

그러자 그 친구는 자신은 기존 버스의 사용권한을 잃어 새로운 버스를 살 능력도 되지 않는데, 어떻게 새로운 버스를 구입하여 영업을 할 수가 있느냐면서 그 판결에 강한 불만을 보였다. 그러더니 불복하여 항소하면서 필자에게 사건으로부터 사임할 것을 요구하였고, 그 친구로부터 신뢰를 잃은 필자는 사임하는 수밖에 없었다.

물론 원하는 판결을 이끌어내지 못한 변호사의 책임도 있지만 필자는 억울하다고 생각한다. 고의적인 불법행위로 인하여 남의 생계수단을 없애버린 사람들에게 그 생계수단을 통하여 얻을 수 있는 수익 상당의 손해배상을 청구하는 것을 법원이 인정하지 않는다면, 결국 불법행위를 저지른 사람들은 남는 장사를 하는 셈이다. 그것이 과연 정의인지 의심스럽다.

요즘 필자가 사건을 맡으면서 예측하는 결과가 어긋나는 경우가 종종 있다. 필자가 오래 전에 전관을 하여 예우를 못 받기 때문에 생긴 결과인지, 아니면 필자가 가지고 있는 법적 지식이 오래되어 판결의 새로운 경향을 놓치고 있는 것인지, 아니면 필자가 법원에 대하여 거는 기대가 너무 커서 법원이 이를 충족해주지 못하는 것인지 알 수가 없다. 답답할 노릇이다.

다수의 횡포

고등법원 배석판사 시절에 다루었던 사건이다.

한강변에 있는 낡은 아파트를 재건축하면서 재건축조합이 사업의 빠른 진행을 위하여 건물의 소유권이전과 명도에 협조하는 순서대로 새로 지을 아파트의 동호수를 지정할 수 있는 권리를 갖기로 조합규약을 정하였다. 그럼에도 불구하고 일부 조합원들은 조합 업무에 협조하지 않아 결국 소송까지 가서 소유권이전과 명도가 완료되었다.

새로 지을 아파트는 한강변에 있기 때문에 한강을 바라볼 수 있는 조망권이 확보되는지 여부에 따라 시가에 차이가 많이 났는데, 위 조합규약에 따라 끝까지 소유권이전 및 명도를 거부한 조합원들은 가장 나쁜 위치인 저층 부분의 아파트를 배정받을 수밖에 없게 되는 재산상 손해를 보았다. 그런데 문제는 추첨방식이 아닌 지정방식의 아파트 배정이 주택공급규칙에 위배되어 무효라는 점이다. 저층 부분의 아파트를 배정받은 조합원들은 조합을 상대로 아파트동호수지정결의 무효확인 소송을 제기하였고 항소심에 이르러 필자가 주심이 되어 심리가 진행되었다.

필자는 이미 배정받은 아파트의 상당 부분에 입주가 완료된 점을 감안하여 조합장에게 좋은 위치의 아파트를 배정받은 조합원들이 십시일반 돈을 걷어 원고들이 입은 재산적 손해의 일부를 배상하는 선에서 조정할 것을 권유하였으나, 조합장이 완강히 거부하였다. 이에 재판부는 원고들의 청구대로 아파트동호수지정결의가 무효라는 판결을 선고하였고 그 판결은 대법원에 상고되었다.

필자가 나중에 재판연구관으로 대법원에 가니 그 사건을 맡으신 재판연구관께서 기존의 아파트 배정을 무효로 하면 전 세대가 다시 아파트 동호수 추첨을 하여야 하고 그 결과에 따라 전 세대가 전부 이사를 하여야 하는 대혼란이 오지 않겠느냐고 필자에게 물었다. 그래서 답하길 필자도 그런 우려 때문에 당시 예상되는 이사 비용의 반액 정도를 갹출하여 손해 배상하는 선에서 조정을 권유하였으나, 조합장이 반대하여 그런 판결을 할 수밖에 없었다는 사정을 말씀드렸다. 결국 그 사건은 파기되어 서울고등법원으로 환송되었는데, 그 뒤에 어떤 결론이 났는지는 모르겠다.

다만 위 사건은 다수의 횡포로 인하여 희생을 강요받은 소수의 권리구제를 위하여 법원이 할 수 있는 일이 무엇인지 그리고 법원의 합리적 조정안을 거부하는 당사자에게 어떤 불이익을 줄 수 있는지 고민하게 하는 사건이었다.

　많은 국민들은 사법부가 다수의 횡포에 시달리는 소수의 피해자를 보호해주는 최후의 보루라고 믿고 있다. 소수의 억울한 목소리를 외면하고 다수의 상황논리에 편승하는 사법부의 판단을 앙드레 지드는 '좁은 문'이라고 옹호해줄 수 있을까?

미인의 말을
믿지 말아라

형사 항소부 배석판사 시절에 있었던 이야기이다.

어느 장손 명의로 되어 있는 집에 그 장손의 삼촌이 살고 있었는데, 그 집의 소유명의는 등기부상 장손의 아버지로 되어 있다가 아버지의 사망으로 장손이 상속을 받았다. 그러나 실제로는 장손의 고모가 명의 신탁한 재산이라고 주장하면서 그 고모의 딸이 장손에게 소유명의의 이전을 요구하다가 장손이 이를 거절하자, 그 장손을 명의신탁재산을 반환 거부한다는 이유로 횡령죄로 고소한 사건이었다.

지금은 명의신탁이 무효이므로 형사적으로 문제가 되지 않으나, 당시에는 명의 신탁된 재산을 반환 거부하면 횡령죄가 되던 시절이었다. 그런데 장손은 1심에서 범의를 부인하면서 재산반환을 거부하는 바람에 실형을 선고받고 항소심에 이르러 보석을 신청하였다.

필자가 기록을 검토하여 보니 그 장손은 그 집에 사는 삼촌을 평소 무시하여 삼촌과 사이가 좋지 않다는 느낌을 받았다. 또 기록에는 삼촌의 부인께서 장손에게 쓴 편지가 있는데, 내용인즉 그 집의 일부를 임대하여 받은 임대료를 보내겠다거나 임대료를 올려 받겠다는 내용이었다. 위 편지의 내용만 보면 그 집의 실제 주인이 장손인 것 같은데, 1심에서는 실형이 선고되어 온 사건이므로 부장님과 보석허용 여부를 고민하였다.

의문의 해소를 위해서는 상당 기간 심리가 필요할 것 같고 구속만기기간 내에 심리가 끝날 것 같지 않으니, 일단 보석을 허용하고 후에 죄가 입증되고 합의가 되지 않으면 항소기각과 동시에 보석취소를 하자고 합의가 되어 일단 그 장손을 보석해주었다.

이후 고모의 딸을 심리하지 못한 상태에서 필자는 서울가정법원으로 발령을 받아 전출하였다. 시간이 한참 지나 그 사건의 변호를 맡은 변호사를 만날 기회가 있어 그분에게 위 사건이 어떻게 처리되었는지 물어보았다.

그 변호사의 말씀에 의하면 그 장손이 보석이 된 후 불구속 상태에서 항소심재판을 받으면서 1심에서 증인으로 나온 고모의 딸이 다시 증인으로 나와 진술을 하였는데, 그 이후 재판부에서 유죄의 심증을 가지고 그 장손에게 피해자인 고모의 딸과 합의할 것을 종용하여 '울며 겨자 먹기'로 합의를 보았고 일단 항소심에서 집행유예형을 받았다고 한다. 그러나 억울하게 생각한 그 장손이 대법원에 상고하였고, 대법원에서는 편지의 내용 등으로 보아 위 집이 고모가 장손의 아버지에게 명의 신탁한 재산이라고 볼 수 없어 죄가 안 된다는 취지로 파기환송이 되었다고 한다.

그래서 제가 전출한 이후에도 계속해서 항소심재판부에 남아서 재판을 하였던 판사님께 왜 그런 결론이 났는지 물어보았다. 그 판사님 말씀이 그 고모의 딸이 항소심 재판정에 증언을 하러 나왔는데, 아름답고 우아할 뿐만 아니라 기품까지 있어 도저히 그 여자의 입에서는 거짓말이 나올 수 없다고 생각하여 그 말을 믿을 수밖에 없었다고 한다.

아마 그 고모의 딸은 어머니와 장손의 아버지 사이에서 일어난 일을 직접 목격한 것이 아니라 장손의 집에 살고 있던 삼촌을 통하여 이야기를 들은 것 같았다. 그런데 그 삼촌이라는 사람은 평소 자신을 무시하던 장손에게 반감을 갖고 잘못된 이야기를 고모의 딸에게 전해준 듯했다. 그 고모의 딸은 이러한 삼촌의 말만 믿고 장손을 고소하였고, 수사기관도 고모의 딸을 믿어 장손을 횡령죄로 기소하였으며, 재판기관도 그 말을 믿고 유죄의 판결을 내린 것이다.

다행히 대법원에서 그 사건의 실체가 밝혀져 장손은 형사적인 책임을 면했지만 고소인이 미인이라는 이유로 무고하게 상당 기간 구금되는 피해를 입게 된 것이다. 그래서 자고로 '미인의 말을 믿지 말라'고 했던가.

그래서 정의의 여신은 눈을 가린 채 한손에 천정을, 다른 한손에 칼을 들고 인간의 죄를 저울질하고 있는가보다.

배상액이
너무 많아요

　민사단독판사 시절에 있었던 이야기이다.

　어느 특수대학원생들이 수료기념으로 제주도로 단체여행을 가기로 하였다. 김포공항에 모여 예약된 시각에 비행기에 탑승하려고 하니, 탑승 예정인 비행기의 기체결함으로 인하여 탑승이 지연되다가 2시간여가 지난 다음 대체기가 투입되어 2팀으로 나뉘어 제주도에 가게 되었다.

　그 대학원생들 중 지금은 유명한 교통전문가가 된 사람이 있었는데, 그 사람이 주도하여 항공사를 상대로 지연출발로 인한 손해배상을 청구하였고 그 소송대리인은 지금 고위공직에 계신 변호사였다. 그 변호사님은 단순히 탑승 예정인 비행기가 정시에 출발하지 못하였기 때문에 비행사에서 정신적 손해에 대한 배상을 물어야 한다고 주장하면서, 당시 비행기 편도요금이 1인당 5만여 원에 불과하였는데도 위자료로 100만 원씩을 청구하였다.

　필자가 심리를 하여 보니 그 탑승 예정인 비행기는 전날부터 브레이크

계통에 이상이 있어 당일 탑승 예정 직전까지 수리를 하였으나, 결국 비행불능으로 판단이 되자 뒤늦게 대체기를 투입하게 된 것이었다.

필자는 비행기에 이상이 발견된 경우에 항공사로 하여금 위험을 무릅쓰고 비행을 감행하도록 할 수는 없으나, 전날부터 비행기의 브레이크 계통에 이상을 발견하여 수리 중에 있었다면 탑승시각 이전에 그 이상이 수리되지 않아 비행할 수 없게 되는 경우를 대비하여 항공사는 대체기를 마련하였어야 할 의무가 있다고 판단하면서 위자료로 1인 당 10만 원씩 지급할 것을 선고하였다.

그러자 그 선고를 들은 항공사의 직원은 당시 편도요금이 1인당 5만여 원에 불과한데도 2시간여의 지연에 대하여 거의 두 배에 가까운 10만 원씩을 배상하라는 것은 너무 많다고 볼멘소리를 하였다. 글쎄 만약 미국과 같은 징벌적 손해배상제도가 있었더라면 고의적인 비행지연에 대하여 더 큰 손해배상을 물렸을 것 같은데…

고의적인 불법행위로 인하여 얻은 이득이 법상 치러야 할 배상액보다 많다면 어느 누구가 불법행위에 대한 유혹에 끌리지 않을 수 있을까? 불법행위라는 과수에서 얻은 열매는 탐스럽게 보이고 입에서는 달더라도 그 독은 치명적이라는 것을 알아야 감히 쉽게 그런 행위를 저지르지 않을 것이다.

복합통증 증후군

변호사 시절에 있었던 이야기이다.

복합통증 증후군(Complex Regional Pain Syndrome)이라는 병이 있다. 지금은 의학계에서 어느 정도 알려진 병이지만 몇 년 전만 해도 꾀병으로 취급되던 병으로 정확한 발병원인이 밝혀지지 않고 있다. 그 병에 걸린 사람이 받는 고통은 상상을 초월하여 신경차단술이나 마약성 약물 투여 등의 치료를 받아야 한다.

어느 여성이 운전을 하고 가다가 신호정지에 멈추었는데, 뒤에서 중형버스가 다가와 가벼운 접촉사고를 냈다. 그 여성은 그 교통사고로 인하여 치료를 받았고 그 뒤로 이유 없이 온몸이 아픈 증세가 나타났다. 그런데 보험회사 직원은 그 여성이 꾀병을 부린다고 판단하여 입원한 병원의 의사에게 강제퇴원 조치를 취할 것을 요구하였고, 초기에 충분한 치료를 받지 못한 그 여성은 복합통증 증후군에 걸리게 되었다.

그 여성이 꾀병으로 보험금을 받아내려고 판단한 보험회사는 여성을 상대로 채무부존재소송을 제기하였고 그 여성도 반소로 손해배상청구소송을 제기하였다. 위 소송이 제기되었을 당시만 해도 국내에서 몇몇 의사만이 복합통증 증후군을 진단하고 치료할 수 있었다. 그 당시 법원에서도 위 증세에 대한 이해가 충분치 못하여 1심에서 판사님께서 엉뚱한 전문의를 신체감정인으로 지정하였고, 이로 인하여 그 여성과 법정에서 다툼이 있었나보다. 결국 그 여성은 1심에서 충분히 입증하지 못하였다는 이유로 청구를 기각당하였다.

다행히 항소심에서는 주치의의 의학적 견해를 존중하여 손해배상의 일부를 인정하기에 이르렀다. 마침내 사건은 대법원으로 갔고 대법원에서는 위 교통사고에 의한 복합통증 증후군의 발생 개연성을 인정하되, 단지 손해액수를 정함에 있어 항소심에서 오류가 있었다는 이유로 파기 환송하여 현재 고등법원에 계류 중이다.

기나긴 고통의 시간을 이겨내고 손수 의학용어를 익혀가며 편견 및 무지와 싸워 손해배상을 받게 된 그 여성의 진정한 용기에 찬사를 보낸다.

선구자의 길은 언제나 험하고 먼 법. 과거 서산대사가 짓고 김구 선생이 즐겨 불렀다는 시가 생각난다.

踏雪野中去(답설야중거)
不須胡亂行(불수호난행)
今日我行跡(금일아행적)
遂作後人程(수작후인정)

눈 덮인 들판을 갈 때에도
함부로 걷지 말지어다.
오늘 내가 걸어간 발자취가
반드시 뒷사람의 이정표가 될 것이니

-西山大師

성직자의 외도

지방법원 형사항소부에서 근무하던 시절에 있었던 이야기이다.

교회에 다니는 여신도의 남편이 부인과 교회 부목사의 관계를 의심하면서 미행을 하였다. 그러던 중 교회 부목사가 여신도와 모텔에 있는 것을 추적하여 방문을 연 후 그곳 사진을 찍어, 부인과 이혼소송을 제기하면서 부목사와 부인을 간통죄로 고소하였다. 당시 찍힌 사진에 의하면 부목사는 상의를 탈의한 상태에서 목에 십자가 목걸이를 건 모습이었고 부인은 전라에 상의만 블라우스를 입고 쪼그린 채 앉아 있었다. 누가 봐도 불륜의 현장임에 틀림없었다.

이 부목사는 지방대학 법학과 졸업생이었다. 그래서 간통죄에 미수범 처벌규정이 없어 상호 성기를 삽입하여야만 죄가 성립한다는 전공지식(?)을 살려, 여자에게 자신과 성관계를 맺으려고 준비하다가 발각되었을 뿐 성관계를 맺은 적이 없다고 진술하면 처벌을 면할 수 있으니 그렇게 진술하라고 요구하였다. 여자는 수사기관에서 처음에는 부목사가 지시한 대로 진술을 하였고, 뚜렷하게 성교를 하였다는 증거물이 확보되지 않은 수사기관은 난관에 봉착하였다.

그런데 남편에게 불륜현장이 걸려 할 말이 없었던 부인은 차마 자신의 입으로 부목사와의 불륜사실을 말할 수 없었다. 적어도 부목사가 남편에게 남자답게 자신의 잘못을 시인하고 용서를 구할 줄 알았는데, 극구 범행을 부인하면서 처벌만을 면해보려는 얄팍한 모습을 보고 실망한 나머지 스스로 범행을 자백하였다. 그러나 부목사는 범행을 극구 부인하였고, 결국 두 사람은 법정에 서게 되었다.

1심판사는 간통사실을 자백하고 뉘우친 부인에게는 집행유예의 판결을 내리고 범행을 극구 부인한 부목사에게는 실형을 선고하였다. 부목사는 항소하였는데, 평소 사모님의 왕성한 종교활동에 비판적이던 부장판사의 형사항소부에 사건이 배당되었다. 부목사는 항소심에 이르러 모든 범행을 자백하면서 여신도의 남편과 합의를 하였으므로 관대한 처벌을 해줄 것을 항소이유로 삼았다. 그러나 사안이 가볍지 않다고 생각한 변호인은 판사실에 와서 다시 선처의 변론을 하면서 주심인 필자에게 묘안이 없냐고 간청하였다.

그런데 간통죄는 이혼소송이 법원에 제기되어 계속된 상태에서 고소가 있어야 처벌할 수 있는 범죄이다. 만약 1심에서 고소가 취소되는 경우에는 형사처벌을 할 수 없고 항소심에 이르러 고소가 취소되는 경우에는 형사처벌은 할 수 있되 양형참작사유로 삼을 수 있을 뿐이다. 결국 이혼소송 자체가 취하되어 소멸하는 경우에는 1심이나 항소심에서는 형사처벌을 할 수 없는 특이한 범죄이다.

그래서 필자는 그 변호인에게 부인과 고소인 사이의 이혼소송이 어떻게 되어 있는지 한번 알아봤느냐고 물어보았다. 필자로부터 실마리를 얻은 변호인은 이혼소송의 계속진행 여부를 확인하여, 소가 취하되어 끝났다는 증명서를 형사항소부에 제출해 형사소송재판을 할 필요가 없다는 공소기각이라는 판결을 받아 부목사를 석방시켰다. 결국 부목사는 죄를 저지른 후 얄팍한 법률지식을 활용하여 형사처분을 면하려다가 서너 달 구속된 다음 하나님이 아닌 여신도 남편의 용서로 구제가 된 셈이 되었다.

종교에 대하여 실망하는 많은 사람들이 종교 그 자체에 실망하기보다는 종교를 믿는다고 하는 사람들의 행태를 보고 실망한다는 점을 종교인들은 명심해야 할 것이다.

시골 노인이라고
얕잡아본 잘못

필자가 변호사 시절에 있었던 사건이다.

서울에서 2시간 정도 떨어진 지방도시에서 그 지역을 대표하는 지역단체가 주민숙원사업으로 대형유통매장을 개장하는 사업을 추진하고 있었다. 그런데 그 사업 추진을 위해서는 그 단체의 소유 토지 옆 인접한 토지에 옹벽을 쌓거나 경사지를 만들 필요가 있었나보다. 그래서 지역단체의 임원이 그 인접 토지의 소유자인 어르신의 토지사용승낙서를 받고자 그 어르신을 찾아뵈었다.

그 자리에서 임원은 어르신에게 대형유통매장 건축공사를 하면서 어르신 소유 토지에는 옹벽을 쌓아 아무 이상 없이 만들어놓을 터이니 공사 중에 어르신 소유의 인접 토지를 사용할 수 있게 해달라고 간청하였다. 지역에 오래 사셔서 그 지역단체 및 임원을 잘 알고 있던 어르신은 주민숙원사업인 대형유통매장의 개장을 위하여 자신의 토지 경계에 옹벽을 설치하는 것을 흔쾌히 허락하셨다.

그런데 그 인접 토지의 경계선에 옹벽을 쌓으면 공사비가 많이 들어가게 되자, 지역단체는 대형유통매장에 인접한 어르신의 토지에 허락도 받지 않고 산림을 훼손한 후 경사면을 만들어버렸다.

　어르신은 위와 같은 지역단체의 불법행위에 대하여 아들을 시켜 관계기관에 그 시정을 요구하였으나, 지역주민들의 숙원으로 이루어진 사업이고 보니 누구 하나 나서서 이를 해결할 생각이 없이 침묵하였다. 오히려 지역단체의 임원은 어르신이 자신의 임야를 경사지로 만드는 것에 동의하였음에도 뒤늦게 옹벽을 설치하기로 하였다고 엉뚱한 주장을 하고 있다고 지역사회에 소문을 퍼뜨렸다.

　이에 어르신은 화가 나 법의 힘에 호소하기로 하였고 지역의 변호사들은 지역 관계기관의 영향 아래 있다고 판단하여, 그 영향권에 없다고 생각하는 아들과 사위가 거주하는 인천의 필자에게 위 사건의 해결을 의뢰하였다.

　필자는 우선 민사소송으로 원상회복청구와 함께 공사금지 가처분을 신청하였고 형사적으로 지역단체 임원들을 산림법 위반으로 고소하였다. 법정에서 심리하는 동안 재판부는 쌍방 합의에 의한 원만한 해결을 요구하였으나, 어르신은 지역사회에 어르신의 평판을 훼손한 임원들의 공개적인 사과가 있기 전에는 합의할 생각이 없다고 하였다.

지역단체에서는 옹벽으로 설치하려다 공사비 과다로 경사면을 만들 수밖에 없었는데, 그로 인하여 발생한 손해에 대한 배상 명목으로 금전을 공탁하였고 자신들은 주민들의 숙원사업을 수행하다 생긴 일이니 더 이상 조치를 취할 수가 없다며 어르신에 대한 공개사과를 거부하였다. 재판은 계속되었고 필자는 인천부터 그곳까지 재판이 있을 때마다 서너 번 다녀오는 수고를 벗어날 수 없었다.

그러던 중 지역단체의 임원이 사적으로 어르신을 찾아가 자신의 잘못을 진사한 후 공탁된 금원으로 일단 배상한 후 추후 손해가 있으면 보완하겠다고 하였다. 어르신은 사과를 받았으니 되었고 지역주민들의 숙원사업을 하다가 일어난 일이니 더 이상 문제를 삼지 않겠다고 하여 모든 분쟁이 마무리되었다.

위 사건에서는 지방도시에서 영향력을 행사하고 있는 지역단체가 지역주민의 숙원사업이라는 미명 아래 안하무인 식으로 타인의 재산을 침해하는 방식으로 업무를 처리하고 이를 시정하여야 할 기관은 침묵함으로써, 결국 개인의 재산권 및 명예권이 일방적으로 훼손당하는 단면을 볼 수 있어 안타깝다. 진심어린 사과 한마디만 잘 했어도 갚을 수 있는 빚을 오만으로 키우는 우를 범하다니.

아버지의
유산

변호사 시절에 있었던 이야기이다.

과거 한 시대를 풍미한 권력가가 있었다. 그런데 이분은 작은 마나님과 사이에 딸과 아들을 두었다. 아버지의 존재에 가려 세상에 아버지의 성을 따르지 못하고 어머니의 성을 따서 살고 있던 이들 남매를 위하여 아버지는 처남 명의로 명의 신탁해놓은 땅을 주기로 서면으로 약속했다. 그런데 그 아버지가 세상에 기억을 반납하는 병, 즉 치매에 걸리자 적자인 큰아들이 그 약속을 이행하지 않았다. 그래서 그 남매는 필자를 찾아왔다.

필자는 그 아버지를 상대로는 약정에 의한 소유권이전등기소송을 제기하고, 그 처남을 상대로는 무효인 명의신탁으로 얻은 부당이득인 그 부동산 자체를 아버지에게 반환해달라는 소송을 제기하였다.

그런데 소송이 진행되는 동안 판례가 변경되었다. 기존에 무효인 명의신탁에 의하여 취득한 부동산 자체가 부당이득이라고 보아 그 부동산의 반환을 청구할 수 있다는 법리에서 부당 이득한 것은 부동산 자체가 아니라 그 취득대금으로 받은 금액이라는 내용으로 판례가 변경된 것이다. 지금은 땅값이 뛰어 상당한 가치가 있지만 그 부동산을 취득할 당시의 가액이라고 해야 얼마 되지 않기 때문에 위 약속에 의하면 결국 남매가 돌려받을 수 있는 금액은 보잘 것 없다. 그래서 청구취지를 바꾸었다.

결국 아버지가 남매에게 주기로 한 부동산에 대한 증여가 무효인 명의신탁으로 돌려받을 수 없게 됨에 따라 채무불이행이 되었고, 따라서 아버지는 결국 남매에게 위 증여계약을 이행하지 못한 데에 따른 손해배상을 지급할 의무가 있다고 그 청구취지를 바꾸었다. 동시에 이행불능에 따른 손해배상 산정시점인 명의신탁 자체가 무효라고 된 최근 시점을 잡아 부동산의 시가를 계산하였더니 상당한 액수가 나왔다. 그래서 처음에 아버지가 남매에게 남겨주려고 한 재산만큼은 아니지만 상당한 액수의 돈을 받아 남매에게 전해주었다.

세상에 대한 기억을 반납하고 계신 아버지께서는 남매가 어떤 우여곡절 끝에 자신의 재산을 받게 되었는지 알고는 계실까?

가화만사성이라고 했거늘. 화목할 수 없는 가정에 남겨진 많은 재물은 결국 분쟁의 씨앗이 될 뿐이다.

애끓는 모정

　서울가정법원에서 근무하던 시절에 겪었던 이야기이다.

　어느 부부가 이혼을 했다. 그런데 그 사이에서 태어난 아들이 있었는데, 아마 어머니는 이혼 당시 자신이 아이를 데리고 혼자 살 수 있는 경제적 형편이 되지 못하여 아버지에게 아이의 양육권을 맡기고 이혼을 한 것 같다. 그 아이는 할머니와 고모 손에서 자라고 있었다. 어머니는 자신의 경제적 형편 때문에 아이를 데려올 수 없었다고 생각하여, 아이를 데려오려고 경제적으로 안정된 직업을 갖기 위하여 정말 열심히 노력하였고 어느 정도 경제적 안정을 찾았다. 그러자 어머니는 서울가정법원에 아버지를 상대로 당시 만 5살 된 아이에 대한 친권 및 양육권변경심판을 청구하게 되었다.

　재판부는 고민을 하였다. 일반적으로 아이의 친권 및 양육권을 결정함에 있어서 제일 중요한 요소로 보는 것은 아이 자신의 복지이다. 따라서 일반적으로 아이가 어릴 때에는 어머니의 자상한 손길이 아이의 건전한 성장에 도움이 된다고 생각하여 주로 어머니를 양육자로 지정하는 경향이 있었다. 그러나 이 사건에서는 이미 아이가 어릴 때 어머니와 헤어졌고 그 자리를 할머니와 고모가 차지하여 아이의 기억 속에 어머니라는 존재가 자리 잡지 못하고 있었다. 그러한 상황에서 양육상태를 변경하였을 경우 아이가 받을 정신적 충격이 걱정되었다.

그래서 재판부는 고참인 우배석으로 계시던 유능한 여자 판사님을 통하여 아이를 직접 만나 현재 아이가 어떻게 자라고 있는지를 확인해 본 후 양육자를 변경할 것인지 여부를 결정하기로 하였다. 그 여자 판사님은 아이를 판사실로 데려와서 도화지와 크레파스를 준 후 아이에게 가장 기억나는 것을 그려보라고 하셨다. 아이는 정상적인 가정에서 자란 아이와 마찬가지로 밝은 색채로 아이다운 그림을 그렸다.

재판부는 어머니가 청구한 친권 및 양육권변경심판을 기각하면서 그 이유를 다음과 같이 적어주었다. 양육권을 정함에 있어 양육자의 경제적 능력이 중요한 고려사항 중 하나임에는 틀림없으나, 그보다 더 중요한 것은 아이가 건전하게 자랄 수 있는 환경 자체이다. 그리고 아이가 어린 나이에 어머니와 떨어져 지금 기억 속에서 어머니라는 존재를 알지 못하고 할머니와 고모가 그 자리를 대신하고 있으나, 아이의 현재 심리상태나 성장환경을 보면 여느 정상적인 가정과 다름없는 양육환경 속에서 건전하게 자라고 있다.

지금 만약 양육상태를 변경할 경우에 아이가 받을 정신적 충격을 고려하면, 당분간 현재의 양육상태를 유지하는 것이 아이의 복지를 위하여 더 낫다고 판단된다. 그리고 장래 아이가 더 커서 어머니의 존재를 알게 되고 어머니의 손길이 필요하다고 판단이 되면, 그때 다시 양육권의 변경을 청구하거나 면접교섭을 통하여 아이의 양육에 어머니가 관여할 수 있는 길이 있다.

　어머니는 위 심판을 받고 항소하지 않았다. 비록 부모는 뜻이 달라 헤어졌지만, 그 사이에서 난 이 아이는 눈에 보이는 아버지의 사랑과 눈에 보이지 않지만 아들과의 만남을 기대하며 열심히 사는 어머니의 사랑을 다 받고 사니 그래도 행복한 아이가 아닌가. 요즘 이혼하는 부부 사이에 서로 아이들의 양육을 책임지지 않겠다는 세태에 비추어 보면 무언가 가슴을 뭉클하게 하는 사례가 아닌가 생각한다.

　옛날 고사에 새끼를 빼앗긴 어미 원숭이가 나중에 죽어 그 배를 갈라보니 창자가 다 끊어져 있었다고 하는데, 하물며 만물의 영장인 인간의 어머니는 그 심정이 어떠했을까. 살아생전에 우리가 부모에게 효도를 하여야 하는 또 하나의 이유가 아닌가.

애타는 부정

변호사 시절에 있었던 이야기이다.

말기 암을 선고받은 아버지가 사건의뢰를 하여 왔다. 대학 졸업 예정인 다 큰 아들이 유수한 대기업의 인턴사원으로 근무하고 있는데, 평소 잘 알고 지내던 여자 친구로부터 형사고소를 당하여 재판을 받게 되었다면서 변호를 요청한 것이다.

아들과 피해자라는 여자 친구는 스스럼없이 지내는 친구 사이로, 평소 어려운 일이 있으면 서로 의논하면서 지내는 사이였다. 그런데 아들의 선배와 사귀던 피해자가 선배와 사이가 멀어지면서 심적인 갈등을 겪으며 괴로워하던 중, 아들과 만나 홍대입구로 놀러가 술 한 잔 하기로 하고 둘은 홍대입구에서 즐겁게 술을 마셨다고 한다.

술에 크게 취한 피해자가 혼자서 자취하는 집에 가는 것을 염려한 아들이 피해자를 집안에까지 데려다 준 후 그곳 침대에서 성관계를 맺다가 중간에 피해자의 거부로 중지하게 되었다. 피해자는 자신이 잠든 틈을 이용하여 자신의 동의 없이 성관계를 맺었다면서 아들을 당시 친고죄인 준강간으로 형사 고소하였다는 것이다.

아들의 이야기를 들어보니, 술에 취한 피해자를 업어서 침대에 눕히고 옆에서 누워 있다가 입맞춤을 하였더니 거부하지 않아 자신과 성관계를 맺을 의사가 있는 것으로 알고 성교를 하였다는 것이다. 그러던 중 갑자기 피해자가 한숨을 쉬면서 성교를 거부하므로 당황한 아들은 피해자에게 미안하다는 말을 건네고 그곳을 나왔다고 한다.

아버지는 자신이 얼마나 더 살지 모르는 상태에서 마지막으로 아들이 번듯한 대기업에 입사하는 모습을 보고 싶었는데, 갑자기 아들이 파렴치범으로 몰리게 되자 필자에게 도움을 요청한 것이었다.

아버지로부터 사건을 의뢰받으면서 갑자기 조디 포스터가 주연한 '피고인'이라는 영화가 생각났다. 과연 성범죄에 있어서 피해자인 여성의 동의는 어디까지 인정될 수 있는 것일까?

난감한 것은 사건이 남자와 여자 단 둘이서 있는 곳에서 일어났기 때문에 남자가 성교를 시도할 때 자신은 잠이 들어 몰랐다고 주장하는 피해자를 반박하기가 쉽지 않았다. 특히 여자가 아닌 남자 변호인이 피해자인 여성의 심리상태에 대하여 알 방도가 없으니 더욱 난감하였다. 더욱이 성범죄에 있어서 피해자인 여성의 인권을 강조하는 현재와 같은 분위기에서 아들의 입장을 변호하기 위하여 대학생인 피해자를 단순한 거짓말쟁이로 몰아붙이는 것도 어려워보였다.

일단 필자는 법정에서 피해자를 증인으로 신문하면서 피해자 진술의 허위 가능성을 추궁하기보다는 피고인인 아들의 입장에서 피해자의 의사를 오인하였을 가능성이 있는 상황이 아니었는지 조심스럽게 물어보았다. 그리고 만약 피해자의 진술이 사실이 아닐 경우에 피고인의 입장에서는 피해자를 무고혐의로 고소할 수밖에 없다는 점을 주지시켰다.

피해자의 법정증언이 끝난 후 피고인의 아버지에게 피해자를 찾아가 피해자의 고소가 아들의 장래에 어떤 영향을 끼칠 수 있는지를 잘 설명하고 사건의 진실을 떠나 아들과의 사이에 있었던 불미스러운 일에 대하여 진심으로 사과한다는 뜻을 전하라고 하였다. 그리고 필자가 직접 피해자에게 전화를 걸어 젊은 시절에 있을 수 있는 단순한 해프닝으로 생각하고 서로가 법적으로 대치함으로써 입을 마음의 상처를 예방하기 위해서라도 고소를 취소하여 줄 것을 설득하였다. 그랬더니 피해자는 마음의 문을 열고 흔쾌히 고소를 취소해주었다.

지금 생각해보아도 피해자가 너그럽게 상황을 수긍하고 고소를 취소하였기 때문에 원만히 해결되었지, 만약 피해자가 피고인의 처벌을 끝까지 고집하였다면 참 어려운 사건이 되지 않았나 생각한다. 요즘 젊은이들 사이에 생활방식의 특이성을 떠나, 자식을 생각하는 부모의 심정은 만고에 불변인 듯하다.

자식을 생각하는 부모의 마음을 조금이라도 안다면 세상의 자식들이 자신들의 행동으로 부모의 마음에 드리울 근심걱정을 염려해서 행동거지를 달리할 것이다. 그러나 세상의 자식들은 자라나 부모가 되어보아야만 그 부모의 마음을 알 수 있으니, 인생이 어찌 쉽다 할 수 있겠나.

어느 시장의
슬픈 자화상

변호사 시절에 있었던 이야기이다.

어느 정치인이 많지 않은 나이에 출세하여 외국에 나가서 현지의 국내 대기업 직원들로부터 접대를 받았다. 그런데 그때 동석했던 대기업 직원 중 한 명이 국내 복귀 후 회사에서 일이 잘 풀리지 않자 그 정치인에게 이메일을 보내 자신이 그 접대 자리에 있었던 사람이라는 것을 상기시킨 후 자신의 처지를 살펴달라고 호소했나보다.

그 후 세월이 지나 그 정치인이 모 도시의 시장후보로 나섰는데, 사생활과 관련해 반대후보가 그 정치인에게 과거에 외국에 나가 받은 접대 중 성접대를 받은 사실이 있는지 공개질의를 하였고 급기야 그 추문의 진위를 둘러싸고 서로 허위비방혐의로 고발하기에 이르렀다. 그 정치인은 시장으로 당선된 후에도 본인의 실추된 명예를 회복하기 위하여 반대후보에 대한 고발을 취소하지 않았고 결국 수사를 거쳐 그 반대후보측 등은 공직선거법상의 비방혐의로 기소되어 그 추문의 진실 여부가 쟁점이 된 형사재판이 열리게 되었다.

그 사건에 연루된 피고인들 중 일부를 변호하게 된 필자는 진실을 밝히기 위해 증인으로 그 정치인을 신청하였으나, 공사가 다망하시다는 이유로 출석을 하지 않았다. 그런 상태에서 1심과 2심에서는 그 정치인이 성접대를 받지 않았다고 볼 증거가 없다는 이유로 그 정치인에게 불리한 판결이 났다.

그러나 이후 대법원에서 그와 같은 풍문을 제기한 피고인들이 그런 풍문이 진실이라는 점을 입증할 책임이 있음에도 이를 입증하지 못하였으므로, 결국 이는 근거 없이 그 정치인을 비방한 것으로 보아야 한다는 취지의 판결이 났다. 결국 파기 환송되어 고등법원에서 다시 재개된 재판에서 피고인들이 근거 없이 그 정치인을 비방한 것으로 인정되었고 그 재판은 그렇게 마무리되었다.

그런데 위 형사재판이 마무리되기도 전에 필자가 변호한 사람 중 한 명이 언론사에 취직하였다. 공교롭게도 그 언론사는 그 정치인이 혐오시설이 위치한 지역의 민원 해결을 위하여 2개월가량 밤마다 해당 인근지역 아파트에 상주하겠다고 공언한 바 실제로 상주하였는지 여부에 대하여 관심을 가지고 취재하던 중, 그 정치인이 상주하였다고 볼 수 있는지 의문스럽다는 기사를 작성하였다.

그 정치인은 이 기사에 대하여 억울하다고 항변하더니, 위 형사사건에서 자신과 악연을 맺은 피고인들 중의 하나인 언론인이 자신에 대하여 그 기사를 쓰는 데 일조했을 것이라고 짐작해 그 언론인만을 상대로 상당액수의 손해배상을 청구하고 명예훼손으로 형사고소까지 하였다.

그 후 수사한 결과 그 언론인은 그 기사 작성에 관여했다는 사실이 드러나지 않았을 뿐만 아니라, 결정적으로 그 정치인이 공언한 대로 밤에 해당 인근지역 아파트에 상주하였다는 객관적인 증거도 드러나지 않았나보다. 즉 당시 그 정치인이 거주하겠다던 아파트는 최신식 아파트로 출입차량의 기록이 자동적으로 인식되어 있어서 그 자료만 내었어도 될 텐데, 어찌된 영문인지 그 자료를 내지 않았다. 대신 그 정치인의 공식일정과 일치하지 않는 운전기사의 운행일지 등만 내놓고 더 객관적인 자료를 내놓지 못하였다.

필자는 공무원인 그 운전기사의 운행일지 내용이 허위일 가능성이 있다고 보고 의뢰인에게 그 정치인을 상대로 허위공문서작성혐의 그리고 허위의 증거자료를 통한 손해배상청구에 대해 사기미수혐의로 형사 고소할 것을 권유하였으나, 일개 시민으로서 거물 정치인을 상대로 고소 제기하는 것에 부담을 느낀 의뢰인은 거기까지 이르지 못하였다.

그러는 사이 그 정치인은 슬그머니 손해배상청구를 취하하였고, 더 이상 그 정치인과 악연을 이어나가고 싶지 않은 의뢰인의 의사를 존중하여 필자도 더 이상 다투지는 않았다. 결국 의뢰인은 그 정치인이 주장하는 바와 같이 허위로 악의적인 기사를 작성하였는지 여부에 대한 민사적 판단을 받지 못하고 그 사건은 종결되었다.

따라서 위 민사사건은 진실이 밝혀지지 않은 상태에서 그 정치인과 그 의뢰인 사이의 악연만 깊어졌다. 그 악연으로 인하여 고통 받은 의뢰인도 안쓰럽지만, 더 큰 정치를 하겠다는 그 정치인의 모습도 슬프게 보이는 것은 왜일까?

필자의 권유에 따라 의뢰인이 그 정치인을 형사고소 하였다면 그 결과는 어떻게 되었을까? 만약 그에 따라 형사책임이 있는 것으로 판명되었다면, 정치 선진국에서는 아마 이런 행동을 한 정치인은 탄핵당하지 않았을까?!

어두운
에스코사업

변호사 시절에 있었던 이야기이다.

에스코사업이라는 것이 있다. 효율이 떨어지는 형광등을 LED조명등으로 바꾸어 전력효율을 높이는 사업인데, 사업의 기본구조는 기존의 형광등을 LED조명등으로 바꾼 후 절약되는 전기비 중 일정 부분을 일정 기간 공사비 명목으로 공사업자가 가져가는 구조이다. 따라서 위 사업의 사업성은 절약되는 전기비가 많을수록 유리하게 되는 셈이다.

그런데 모지역의 대단위 아파트 단지에서 에스코사업 공사를 마쳤는데, 처음 예상한 만큼의 전기비 절약이 되지 않았다. 따라서 최초 공사계약 체결 당시에 공사업자가 호언장담한 것처럼 추가비용이 들어가지 않는다는 말과 달리 아파트 주민들이 일부 공사비를 상당 기간 부담하게 되었다. 당연히 분쟁이 발생하였고 공사업자는 아파트입주자대표회의를 상대로 약정한 공사비용의 지급을 한국상사중재원에 중재 신청하였다.

아파트입주자대표회의로부터 사건을 수임받은 필자는 왜 그런 계산 차이가 발생하였는지 살펴보았다. 그랬더니 기존에 아파트는 전기절약을 위하여 지하 주차장의 형광등을 실제 설치된 것 중 반만 켜고 있었는데, 에스코 사업성을 계산할 당시 공사업자는 아파트 주민들이 설치된 형광등 전부를 사용하는 것을 전제로 계산한 것이다. 그와 같이 계산한 것이 고의였는지 아니면 단순한 과실이었는지, 그리고 그러한 착오로 계산된 약정에 아파트입주자대표회의가 기속되어야 하는지가 쟁점이 되었다.

나중에 양쪽이 한발씩 물러나 공사대금 액수를 감액 조정하는 선에서 합의가 이루어졌다. 이 사건 역시 이전의 아파트입주자대표회의 임원들이 철저하게 계약 내용을 따지지 않고 계약을 했기 때문에 생긴 사건으로, 아무리 작은 단체인 아파트입주자대표회의라도 그 지도자들의 자질과 열성 그리고 청렴성이 얼마나 중요한지를 다시 한 번 깨닫는 계기가 되었다.

아파트를 보다 저렴한 가격에 더 밝게 만들려던 사업이 지도자들의 잘못으로 오히려 주민들의 마음에 어두운 그림자만 드리우게 되었다. 물리적인 밝음도 중요하겠지만, 더 중요한 것은 공동의 사업을 추진하는 과정에서 지도자의 맑고 밝은 정신이다.

여자의 거짓말

변호사 시절에 있었던 이야기이다.

해외명품 국내총판을 운영하던 남자가 유부녀인 여직원을 데리고 부산에 있는 호텔 책임자에게 술접대를 하기 위하여 벤츠 차량을 운전하여 부산으로 출장을 갔다. 그 남자는 술에 취하여 여직원에게 운전을 부탁하고는 동래 부근의 온천지역 찜질방에 가서 자고 다음날 다른 매장을 둘러본 후 서울로 가자고 제안하였다.

그러나 술접대 과정에서 호텔 책임자로부터 성희롱을 당한 여직원은 화가 나서 바로 서울로 올라가겠다고 하여 둘 사이에 실랑이가 있던 중, 갑자기 차선을 바꾸는 과정에서 뒤따라오던 택시와 충돌하는 사고가 발생하였다. 그 자리에서 경찰이 올 때까지 기다렸으면 아무런 문제가 없었는데, 술에 취하여 호기가 발동한 남자는 차를 빼서 길가에 정차시킬 것을 지시하였고 화가 난 여직원은 차량을 상당 거리 운전하여 정차시켰다. 즉 본의 아니게 뺑소니가 된 셈이었다.

남자는 차에서 내려 충돌 지점까지 갔다 와서 운전석 옆에 서 있었고 여직원은 충돌과정에서 깨진 조수석 쪽 유리를 치우느라 고개를 숙이고 있었다. 그런데 이를 목격한 사람이 남자가 운전석에서 내리고 여직원이 조수석에서 운전석으로 옮겨간 것으로 오해를 하였다.

 그들은 부산의 경찰서에서 여직원이 운전 중에 발생한 사고라고 일치하여 진술하였으나, 경찰은 목격자의 진술을 참고하여 남자가 주취운전을 하다가 사고가 나니까 여직원에게 책임을 전가하고 있다고 판단하였다. 그들은 사건을 서울로 이송해달라고 요구하였고 서울의 경찰서에서 조사를 계속 받았다. 검찰은 남자와 여직원 모두 구속영장을 청구하였으나, 법원에서는 여직원만 구속하고 남자에 대한 구속영장을 기각하였다.

 그 후 사건은 그 여직원과 같은 여자대학교를 나온 여검사에게 배당되었는데, 그 여검사는 여직원이 사장인 남자 대신 처벌받기 위하여 거짓 진술을 하는 것으로 판단하여 그 여직원을 회유하기 시작하였다. 처음에는 완강하게 자신이 운전하였다고 진술하던 그 여직원은 사장 때문에 사고가 발생하였고 자신이 고생하는 것이라고 생각하여, 여검사의 회유에 따라 남자가 술을 마시고 운전하다 사고가 발생한 것이라고 진술을 바꾸었다. 그에 따라 남자는 뺑소니에 범인은닉혐의로 구속되어 1심에서 징역 1년을 선고받았다.

항소심에서 담당재판부장이 연수원 동기라는 이유로 선임된 필자는 무죄를 주장하면서 여직원을 증인으로 신청하여 신문하였다. 그 여직원은 필자가 여러 가지로 물어보는 신문에 교활할 정도로 임기응변적인 진술을 하였으나, 결정적으로 당시 교통사고로 인하여 운전석 유리창이 고장 나 올라오지 않는 바람에 추위에 떨었다는 거짓 진술을 하였다. 필자는 당시 사고차량의 상태를 찍은 사진에서 조수석 유리창은 깨졌지만 운전석 유리창은 멀쩡한 것으로 나온 소명자료를 제출해 재판부가 기록을 잘 살펴보도록 하면 여직원이 거짓 진술을 하는 것이 밝혀져 무죄가 날 수도 있겠다는 기대를 가졌다.

　그러나 항소심 재판부는 기대와 달리 유죄를 유지하면서 오히려 검찰의 양형부당 항소를 받아들여 피고인에게 징역 1년 4개월을 선고하였다. 아마 동기인 필자에 대한 배려로 징역 1년 6월을 선고하려다가 2개월을 감해준 것이 아닌가 생각된다. 어떻든 피고인은 상고하였지만 상고 기각되어 결국 피고인이 거짓말을 한 것으로 결론이 났으나, 필자는 아직도 그 여직원이 거짓 진술을 하였다고 확신한다.

　사안의 진실은 당사자가 제일 잘 알 것이다. 그래서 사후에라도 재판에 대한 평가를 재판을 받은 당사자로부터 받아야 그 재판부에 대한 가장 정확한 판단이 나오지 않을까 생각한다.

오얏나무 밑에서
갓 고쳐 쓴 죄

변호사 개업 당시 있었던 일이다.

어느 광역자치단체에서 건설계통의 업무를 담당하는 고위공무원이 있었다. 그 공무원의 부인은 다단계피라미드에 잘못 발을 들여놓았다가 큰 재산적 손실을 보게 되었다. 사정이 급해진 공무원은 부인의 부채문제를 해결해주기 위하여 평소 호형호제하는 사이의 건설업자에게 장래 퇴직 시 받을 퇴직금으로 정산해주기로 하고 수억 원의 돈을 차용하였다.

그런데 수사기관에서는 이들의 돈거래를 수상하게 여기고 건설업무를 담당하는 고위공무원에게 뇌물을 제공하였다는 뇌물공여혐의로 건설업자를 기소하였고, 그 공무원은 뇌물수수혐의로 구속 기소되었다. 그러자 건설업자가 필자를 찾아와 위 거래가 부정한 거래가 아닌 단지 아는 형님에 대한 배려 차원의 돈거래라며 무죄를 주장하였다.

필자는 고민하였다. 한참 건설경기가 붐을 이루던 광역자치단체의 건설계통 업무를 담당하는 고위공무원이 건설업자로부터 수억 원의 돈을 받았으니, 수사기관에서 건설공사 수주와 관련해 거래된 검은돈으로 보는 것은 어쩌면 너무 당연한 것처럼 보였다.

그러나 필자는 건설업자에게 그 돈을 준 시기 그리고 돈을 준 무렵부터 현재까지 그 공무원이 담당하는 건설공사를 수주한 사실이 있는지 여부를 물어보았다. 그 건설업자는 돈을 준 것은 3년 전 일이고 그 전후로 지금까지 한 번도 그 공무원이 관여하는 공사를 수주한 적이 없다는 이야기를 하였다.

그래서 필자는 재판부에게 뇌물을 주는 사람이 과거의 인사치레로 돈을 주는 것이 아니라 장래의 부당한 영향력 행사를 위하여 주는 것이라면, 반드시 그 공무원이 영향력이 있을 때 청탁을 하는 것이 세상의 이치라고 말하였다.

만약 건설업자가 3년 전에 준 돈이 뇌물이었다면 3년여 간 그 공무원의 영향력을 빌어 건설공사를 수주하지 않았을 리가 없다는 점 그리고 건설업자와 공무원은 평소 호형호제하는 사이로서 건설업자가 부인의 실수로 경제적인 어려움에 빠진 공무원을 순수한 의미에서 돕기 위하여 돈을 빌려준 것이라는 점을 강변하고 이를 소명할 수 있는 자료를 제출하였다. 재판부는 신중한 심리를 거쳐 결국 그 돈의 거래 부분에 대하여는 뇌물성을 인정할 수 없다고 판단하여 무죄취지의 판결을 내렸다.

과거 우리 조상들이 왜 오얏나무 밑에서는 갓을 고쳐 쓰지 말고, 오이 밭
에서는 신을 고쳐 신지 말라고 하였는지 그 의미를 알겠다.

욱하는 성질
때문에

변호사 개업 당시 있었던 사건이다.

친한 친구가 넉넉지 않은 사정임에도 어떤 여성이 돈을 빌려달라고 하자 다른 곳에서 돈을 빌려 대여해주었는데, 그 여성이 이후로 행적을 감추었나보다. 어려운 살림에 영업용 택시를 운전하던 이 친구가 우연히 길거리에서 그 여성을 마주치게 되자 욱하는 기분에 폭행을 가했다. 이 여성은 곧 진단서를 발급받아 친구를 형사 고소하였고 이 친구는 벌금형의 선고를 받았다.

그런데 이 여성은 위 폭행으로 인하여 치료비 등이 들었다면서 친구를 상대로 손해배상을 청구하였다. 친구는 자신도 그 여성으로부터 돌려받을 대여금이 있다고 주장하자, 재판부에서는 적당한 선에서 합의를 종용하였다. 그 여성이 꾀병으로 진단서를 발급받아 소송을 하고 있다고 생각한 이 친구는 억울하다면서 그 합의에 응하지 않았다.

그 여성은 손해배상 판결을 받아 이 친구의 집에 경매를 신청하였다. 이 친구도 그 여성을 상대로 대여금청구소송을 하여 판결을 받았다. 그러나 자신이 상대방에 대하여 가지는 채권으로 상대방이 자신에 대하여 가지는 고의적 불법행위에 기한 손해배상청구권과 같은 액수에서 서로 갚은 것으로 처리하는 상계를 할 수 없다는 민법규정이 있었다. 이 때문에 이 친구는 우선 그 여성에게 먼저 손해배상에 기한 금전을 지급하고 차후에 자신이 가진 대여금채권의 집행을 할 수밖에 없는 처지가 되었다.

민법은 채무자에 대하여 채권을 가진 사람이 채무자로부터 변제를 받지 못하는 경우 고의적으로 채무자에게 폭행을 행사한 후 그 손해배상으로 부담하는 돈을 자신의 채권과 같은 액수에서 변제 처리하는 상계를 허용하는 경우에 폭력 등 불법행위를 조장하는 결과를 초래한다는 이유로 엄격하게 이를 금하고 있다. 그래서 이 친구는 울며 겨자 먹기로 먼저 그 여성에 대한 손해배상금을 지급한 후 차후에 자신의 대여금에 대한 강제집행을 할 수밖에 없는 불리한 처지에 빠진 것이다.

흔히들 주먹이 법보다 가깝다고 하지만 사실은 욱하는 기분에 휘두른 주먹보다는 법이 더 무서울 수가 있다. 조금만 더 이성적으로 판단하였으면 치르지 않아도 될 손해를 어쩔 수 없이 치르게 됨으로써 정신적·물질적으로 입게 된 손해는 그 얼마나 막심한가.

전과자는 서러워

변호사 개업 당시 있었던 일이다.

인천의 어느 유명한 폭력조직 계파의 부두목 급이 있었다. 그는 부하 아들의 돌잔치를 한다는 연락을 받고 회식에 참석하였고, 부하들과 회식 분위기가 무르익자 자리를 바꿔 술을 한 잔 더 하기로 하여 인근에 있던 갓 개업한 나이트클럽으로 이동하였다.

나이트클럽에서 술을 마시는 동안, 나이트클럽을 관리하고 있던 소위 어깨들은 혹시 그 부두목 일행이 자신들의 업소에서 행패를 부리려고 온 것이 아닌지 긴장하고 있다가 갑자기 자신들의 폭력조직패들을 소집하여 부두목 일행이 내려오기를 대기하고 있었다.

이런 사정을 모르는 부두목 일행은 술을 마신 후, 부하들은 먼저 엘리베이터로 내려가고 부두목은 뒤에서 술값을 계산한 후 따로 내려왔다. 그런데 부두목이 내려오기 전에 이미 나이트클럽 업소 입구에서는 나이트클럽 직원들이 부두목 일행에게 기습공격을 하여 두 세력 사이에 싸움판이 벌어지고 말았다.

갑자기 나이트클럽 직원들로부터 폭행을 당한 부두목 일행은 급하게 그곳 개업식장에 있던 축하화환의 나무를 빼서 휘두르며 저항했다. 그런 사정도 모르는 부두목은 뒤늦게 술값 계산을 마친 후 여자 친구와 함께 내려와 차를 타고 다른 곳으로 이동하였다.

검찰은 인천의 유명한 폭력조직이 신장개업한 나이트클럽의 이권을 빼앗아 오기 위하여 조직적으로 나이트클럽을 습격한 것으로 판단하고 부두목과 함께 그 일행 전부를 폭력행위등 처벌에 관한 법률위반죄의 야간공동흉기사용 폭행혐의로 구속기소하였다.

뒤늦게 확보된 건물의 폐쇄회로텔레비전을 살펴보니, 나이트클럽 직원들이 대기하고 있다가 의도적으로 부두목 일행들에게 폭행을 행사한 것이 드러났다. 하지만 술에 취한 상태에서 갑자기 공격을 받은 부두목 일행은 저항하기 위하여 그곳에 있던 축하화환의 나무를 빼서 휘두른 것 때문에 징역형밖에 없는 범죄로 기소되었다. 불행하게도 그 일행은 모두 집행유예 판결을 받을 수 없는 기존 전과들이 있어서 전부 징역형의 실형이 선고될 수밖에 없었다.

다만 부두목도 집행유예를 받을 수 없는 기존 전과가 있었으나, 자신의 부하들과 나이트클럽 직원들이 싸우고 있다는 사정을 인식하지 못하고 그곳 싸움장소에서 혼자 떠난 것이 밝혀져 다행히 무죄를 받는 바람에 풀려날 수 있었다.

전과자는 같은 일을 해도 불리하게 처벌받는 등 서러울 수밖에 없다. 그래서 평소 행동거지를 잘해야 하는 것이다.

제도권 권위의
몰락

변호사 시절에 있었던 사건이다.

향판문제와 관련된 지방 대기업의 협력업체를 운영하던 친여동생이 사채업자들로부터 돈을 차용하여 일부는 회사 경영자금으로, 일부는 개인적인 용도로 사용하였다. 그 빚을 갚기 위하여 회사의 수입을 허위 지출하는 방법 등으로 이른바 비자금을 조성하여 사채를 갚아오던 중, 사채가 급격히 증가하여 변제방법이 없게 되고 새로운 사채를 얻기도 어려워 경영상 어려움을 겪자 수도권에 살고 있던 친오빠에게 도움을 요청하였다.

그 오빠는 여동생이 운영하는 회사가 대기업에 대하여 어느 정도 독점적 지위를 확보하고 있어 일정한 수입이 보장된다고 파악한 후, 사채업자들이 이자만 청구하지 않으면 원금을 갚아 회사를 정상화시킬 수 있을 것으로 보고 여동생을 대신하여 회사 임원으로서 실질적 경영을 맡았다.

오빠는 여동생 사채업자들로부터 원금만 갚아주면 더 이상 문제 삼지 않겠다는 약속을 받은 후, 회계처리상 방법이 없어 여동생이 이전에 한 것과 마찬가지로 허위지출 등을 통해 비자금을 조성하여 여동생이 진 채무의 원금을 변제하여 회사를 정상화하는 데 성공하였다.

그런데 회사가 정상화되자 회사의 경영권에 대한 욕심이 생긴 여동생이 오빠와 갈등을 일으켰다. 결국에는 여동생이 오빠를 상대로 업무상횡령으로 형사 고소하였고 오빠도 같은 죄명으로 여동생을 형사 고소하였다. 문제는 같은 행위를 한 오빠와 여동생에 대하여 검찰이 오빠에 대하여만 업무상횡령죄로 기소하였고 여동생에 대하여는 혐의없음 처분을 한 데서부터 발생하였다.

여동생은 자신과 달리 빌려온 사채를 개인적으로 사용하였음에도 자신만 기소된 것을 억울하게 생각한 오빠는 1심 법원에서 무죄를 주장하였다. 그러나 1심 법원은 일부무죄와 동시에 나머지 죄에 대하여는 유죄를 인정하고 오빠를 법정구속까지 시켰다. 여동생은 그 사이 오빠가 업무상횡령을 저질러 회사에 피해를 주었다는 이유로 오빠를 회사의 임원에서 해임시켰다.

오빠는 항소하여 천신만고 끝에 전부무죄를 받아낸 다음, 자신이 같은 학교 출신의 같은 지역 법조인인 판사와 검사 그리고 변호사의 결탁에 의하여 억울하게 기소당한 후 처벌까지 받았다고 판단해 그 억울함을 해결해달라면서 수도권에 있는 필자에게 도움을 호소해왔다.

필자는 우선 위 무죄판결이 대법원에서 확정되는 것을 기다리면서 부당하게 수사한 수사진들에 대한 형사고소와 여동생에 대한 무고혐의의 고소를 제기하게 한 후, 여동생과 회사를 상대로 부당해임으로 인한 손해배상청구소송을 수도권지역 법원에 제기하였다. 검찰은 수사진들에 대한 형사고소가 터무니없다는 이유로 각하결정을 내리더니, 대법원에서 오빠에 대한 업무상횡령사건이 무죄로 확정되었음에도 여동생에 대한 무고혐의를 상당 기간 조사하지 않고 있었다.

그러는 와중에 오빠는 부당해임으로 인한 손해배상청구사건에서 증거가 부족하다는 이유로 패소하였다. 필자는 하는 수 없이 고등법원에 항소를 제기한 후, 오빠로 하여금 지방검찰에 여동생에 대한 수사를 촉구하도록 독려하게 하였다. 결국 검찰은 뒤늦게 여동생을 일부무고 등의 혐의에 대하여 불구속기소하였다. 필자는 고등법원 재판부에 위 여동생에 대한 형사사건의 결과를 본 후 민사소송을 속행할 것을 요구하여, 재판부는 이를 수락하였다.

그런데 이런 필자의 조치에 대하여 불만을 느낀 오빠가 갑자기 사무실에 나타나 민사소송 사건에서 사임할 것을 필자에게 요구하였다. 이때 오빠가 하신 말씀이다. "변호사님, 변호사님처럼 점잖게 소송해서는 이길 수 없습니다. 그러니 사임해주십시오. 제가 직접 나서서 재판부에 거칠게 항의해야만 해결될 수 있습니다." 그래서 결국 필자는 그 사건을 사임하고 말았다.

특정 지역의 특정 학교 출신 법조인들이 결탁하여 무고한 사람을 구속되게 하고 부당하게 회사에서 쫓겨나게 하였는지 필자로서는 아직까지 알 수 없다. 또한 법률전문가로서 제도권 내에서 제도화된 방법으로 분쟁을 해결하는 것을 업으로 하는 필자로서는 비록 의뢰인이 억울함을 호소하여도 이를 제도권의 권위를 빌어 해결할 수밖에 없다고 생각한다.

그런데 지금 필자가 철석같이 믿고 있는 제도권의 권위가 무너지고 있는 것은 아닌지 염려된다. 더 답답한 것은 필자가 의뢰인에게 "당신이 가지고 있는 생각은 제도를 이해하지 못한 데서 유래된 오해에 불과할 뿐, 반드시 진실은 밝혀지고 정의는 이길 것입니다"라고 의뢰인을 설득할 말을 찾지 못하고 있다는 점이다. 결국 제도가 제구실을 못하면 그 권위는 무너질 수밖에 없는 것 아닌가.

젯밥에만 맘
있는 공염불

변호사 시절에 있었던 이야기이다.

전국 규모의 사회봉사단체가 지역사무소를 개설하였는데, 지역사무소의 활동에 따른 책임을 지기 싫어 내부적으로 지역사무소에 독립적인 지위를 부여하였다. 그런데 그 지역사무소 구성원의 헌신적인 활동으로 기부금이 상당액 쌓이자 중앙 사회봉사단체의 마음이 바뀌었다. 즉 그 단체의 내규에 의하면 지역사무소 임원의 임면에 중앙단체의 승인이 필요한데, 평소 중앙단체의 지시를 고분고분하게 듣지 않는 지역사무소의 임원들에 대해 연임 요청을 거부한 것이다.

지역사무소의 임원들은 그 사건을 필자에게 의뢰하였고, 필자는 지역사무소의 독자성에 중점을 두고 조직과 재산이 독립된 단체이기 때문에 중앙 사회봉사단체는 지역사무소 임원에 대하여 결격사유가 있을 때에만 한정적으로 거부권을 가질 뿐이라고 강변하였다.

그러나 1심 결과는 지역사무소의 패소였고, 자칫 잘못하면 지역사회에서 실력 없는 변호사로 소문날 판이었다. 다시 전열을 가다듬어 항소심에서 같은 주장을 하였고, 다행히 항소심에서는 1심 결과를 뒤집어 지역사무소의 주장을 받아들였다. 상대방이 대법원에 상고하였지만 상고기각으로 확정되었다.

십년감수하는 줄 알았다. 결국 중앙 사회봉사단체는 염불에는 관심 없고 지역사무소가 각고의 노력 끝에 모아놓은 기부금이라는 젯밥에만 맘이 있었던 것이다.

고양이에게 생선을 맡기는 우를 범하지는 말아야 할 것이다. 재물이 있는 곳에 인간의 욕망이 있고 감시가 없는 곳에서 그 욕망은 부패로 이어진다.

지도자를 잘못 만난
백성의 고난

변호사 시절에 있었던 이야기이다.

인천 청라지구에 한창 부동산 열기가 뜨거울 때 그곳에 아파트를 분양받은 사람들이 있었다. 그런데 분양회사가 그 주위에 변전소 시설이 들어선다는 사실을 숨기고 분양을 한 것 같다. 200여 가구를 대표하여 입주예정자대책위원회 위원장이라는 사람들 4명이 사무실로 찾아와 사건을 의뢰하였다. 필자는 분양사와 건설사를 상대로 기망에 의한 분양을 주장하면서 계약취소와 손해배상청구소송을 제기하였다.

1심 재판부는 필자가 변전소 시설의 존재 여부를 수분양자(분양을 받은 사람)들에게 고지한 상태에서 분양을 했는지 여부를 물어보았음에도, 그 변전소의 시설이 보이는 극히 일부의 사람들에 대하여만 손해배상을 인정한다는 엉뚱한 판결을 내렸다. 변전소의 존재 여부를 고지했는지를 물어보았는데, 왜 그에 대하여는 대답하지 않고 그 변전소 시설이 보이는 사람들이 정신적 고통을 받았다고 인정하였는지 도저히 이해가 가지 않았다.

여하튼 항소 여부가 문제가 되어 원고들을 한곳으로 불러 모은 후 1심 판결의 문제점을 이야기하고 적극적으로 항소할 것을 권유한 후 필자는 그 자리를 떠났다. 그런데 필자가 떠나자마자, 위 4명이 주축이 되어 건설사와 합의가 되었다면서 가구당 3,000만 원 상당의 특화시설을 해준다고 하니 합의를 하는 것이 좋을 것 같다고 입주예정자들을 종용하였다.

사실 이들 4명은 위 아파트의 설계상 채광방향 일조권이 20cm 침해되는 것을 사전에 알고 건설사를 압박하여 합의를 받아놓았었다. 입주예정자들에게 그런 사실을 알렸다가는 가뜩이나 부동산 경기의 침체로 큰 손해를 본 입주예정자들이 대량으로 계약을 해제하는 사태가 발생할 것을 우려한 나머지, 그런 위법 사실을 숨기고 마치 건설사에서 큰 인심이나 쓰는 것처럼 입주예정자들을 회유한 것이다. 그 대가로 4명이 어떤 이득을 받았는지 모르나, 영문을 모르는 그들의 회유에 상당수의 입주예정자들이 항소를 포기하고 합의서를 작성하였다.

겨우 서너 명만이 항소를 하겠다고 하여 그들의 선임을 받아 항소심에 이르러 설계도면상의 문제점을 파헤치다가, 건설사에게 항소인들이 분양대금의 5%를 손해보고 합의 해제할 생각이 있다고 제안하여 그런 상태로 사건을 종결지었다. 현재 위 아파트는 분양가의 20% 이상 가격이 하락했으니까 그 항소인들은 실질적으로는 큰 이득을 본 셈이다.

그러자 이번에는 합의서를 작성하고 항소를 포기한 100여 명의 입주예정자들이 그 합의서 작성 당시 위 4명으로부터 건축법 위반 사실을 고지받지 못하였고 그 합의서에 작성된 내용도 그대로 이행되지 않고 있다면서 다시 건설사를 상대로 소송을 제기해줄 것을 의뢰해, 지금 또 소송을 제기하여 다투고 있다.

자고로 지도자를 잘못 만나면 백성들이 고생하는 법. 그 지도자들은 지금 편히 잠이 올까?

지도자를 잘못 만난
또 다른 백성들

변호사 시절에 있었던 이야기이다.

인천 가좌지구에 재건축 아파트가 있었다. 그 아파트 시공건을 따내기 위하여 국내 유수의 건설업체들 사이에 과당 경쟁이 있었다. 처음에 모 기업체가 2,000억 원대의 공사대금으로 시공건을 확보하였으나, 후발업체가 조합원들에게 공사대금은 올리지 않고 더 좋은 시설을 해주겠다고 감언이설하여 결국 후발업체가 그 시공건을 확보했다.

문제는 시공건을 확보한 후발업체가 공사비용을 증액하기 위하여 편법을 쓴 것이다. 즉 아파트 동호수 추첨을 한 후 아파트 분양계약을 하는 데 필요하다며 인감증명서 3통과 인감도장을 지참하고 조합원총회에 참석하라고 통지한 다음, 조합원총회에 참석한 조합원들을 속여 공사비를 4,000억 원대로 증액한다는 서면결의서에 인감도장을 날인게 한 것이었다. 명백한 사문서위조였다.

사건의 의뢰를 맡은 필자는 당시 조합장 역할을 한 사람들에 대하여 형사고소를 하고 위 조합원총회의 결의가 무효라는 소송을 제기하였다. 그런데 형사고소가 증거가 없다며 '혐의없음' 처분을 받은 것이다. 이상하다. 갑자기 공사비가 처음의 동결 약속과 달리 2배 이상 증액되었는데, 조합원총회에서 아무런 논란도 없이 서면결의에 의하여 통과되었다니 말이 되는가? 그러나 이것이 우리의 현주소이다. 수사의지가 없는 검찰은 형식적인 조사만 한 상태에서 전 조합장에게 상식에 반하는 내용의 면죄부를 준 것이다.

정치적인 사건이 아니더라도 상식적으로 이해가 되지 않는 결정을 하니, 때만 되면 검찰개혁의 목소리가 여기저기서 들린다. 검찰은 진정으로 반성하여야 할 것이다. 그리고 남들의 피눈물 나는 돈으로 이득을 취한 사람들을 반드시 응징하여야 할 것이다. 어떻든 지도자를 잘못 만난 백성들은 눈앞에서 뻔히 도둑질당하는 손해를 입게 되었다.

정치인을 비롯하여 다수의 이익을 대변하는 자가 올바르지 못하면 그 폐해는 바로 그 구성원들에게 돌아간다. 그래서 우리는 올바른 지도자를 뽑을 수 있는 자질이라도 갖추고 있어야 눈앞에서 자신의 이익을 도둑 맞는 피해를 보지 않게 될 것이다.

직권고발

지방법원의 부장판사로 근무할 때 일어난 일이다.

어느 상가지역에 모텔을 짓겠다는 건축허가가 신청되어 허가가 나서 건물이 신축 중이었다. 그런데 이웃한 동네주민들이 반대하자 행정청이 건축허가를 취소하였고, 이에 허가신청권자가 행정청을 상대로 행정소송을 제기하였다.

그 사건을 맡은 행정부 부장판사님이 건축법상 하자는 없긴 하지만 동네주민들이 반대하는 모텔을 행정청이 시가로 사는 방법으로 조정안을 제시하였고 양쪽에서 이를 받아들이기로 하여 감정을 통하여 매입가를 정하였다. 문제는 건물의 도급인과 수급인이 감정인에게 부탁하여 시가보다 많은 금액의 공사비가 들어간 것처럼 시가감정서를 만들었고 이에 따라 행정청에 그 시가감정서에 기재된 금액으로 모텔을 매도하였던 것이다.

그 후 수급인이 도급인에게 부당하게 과다 계상된 모텔 매매가의 일부를 나누어갖자고 민사소송을 제기하였고 그 사건을 필자가 담당하게 되었다.

그런데 그들이 다투면서 낸 준비서면에 의하면, 앞서 본 바와 같이 과다 계상된 시가감정서를 통하여 행정청에 시가보다 훨씬 비싼 가격으로 모텔을 팔아먹은 사실을 쌍방이 다 인정하고 있었다.

부정한 이익을 가지고 서로 싸우는 것에 반감을 갖고 있던 차에, 공무원법에 의하면 범죄를 인지한 공무원은 고발할 의무가 있다는 조항에 터잡아 고민 끝에 이례적으로 우리 재판부는 위 수급인과 도급인 모두를 사기혐의로 검찰청에 직권 고발하였다.

그런데 더 황당한 것은 검찰에서 조사를 하더니 쌍방을 혐의없음 처리한 것이다. 본인들이 재판부에 낸 준비서면에 의하면 과다 계상된 시가감정서를 이용하여 부당한 이득을 얻은 것을 자인하고 있는 데도 말이다. 재판부가 직권 고발한 사건도 그렇게 처리하니 누가 검찰을 신뢰하겠는가?

너무나 상식적인 사건에 대하여 수사기관에서 비상식적인 결론을 내리면 국민들은 어이없어 아무 말도 못하고 침묵한다. 그 침묵이 자신에 대한 암묵적 지지라고 오해하는 한 그 환부는 깊이 썩을 수밖에 없고 나중에 생명을 걸고 대수술을 하여야 하는 고통을 받게 되는 것이다.

판사는 한 입으로
두 말을 안 합니다

지방에서 형사단독판사를 하던 시절에 있었던 이야기이다.

당시 잘나가는 건설회사의 자금전담상무가 거제도 해금강 근처의 풍광 좋은 공원지역에 편법으로 집을 사서 별장을 지었다. 서슬 퍼렇기로 유명하신 지청의 지청장이 이를 인지하고 수사검사를 독려하여 그 상무를 구속기소하였다.

처음엔 그 별장을 허물고 있다며 보석신청이 들어왔는데, 공교롭게도 당시 지원장님과 점심을 먹은 후 드라이브도 할 겸 해서 그 별장에 가보았다. 그런데 그 집의 담장 일부를 부순 후 근접 촬영하여 보석신청기록에 첨부한 사실이 드러나고 말았다. 필자가 재판부를 속이려는 변호인에게 항의하자 변호인은 자진해서 보석신청을 취하하였다.

이후 그 상무는 서울에 있는 필자와 아주 친한 변호사를 수소문하여 그 변호사를 선임하였다. 그 변호사님은 먼 거리를 찾아와 필자에게 건설회사의 자금전담상무가 구속되어 있어 회사 형편이 말이 아니라면서 보석을 허락해달라고 간청하였다. 이에 필자는 먼저 별장의 일부를 허물면 보석을 해줄 것이나, 나중에 본안재판에서 별장을 전부 허물지 않으면 보석을 취소하고 실형을 내리겠다고 이야기하였다. 필자의 이야기를 변호인을 통해서 전해들은 그 상무는 별장의 3분의 1 가량을 허물었고 필자는 즉시 보석을 허가하였다.

그런데 그 이후 본안재판 중에 피고인으로 출석한 그 상무는 나머지 3분의 2로 별장을 보완하여 살 수 있을까 싶어 반성하는 의미로 3분의 1을 허물었으니 선처를 해달라고 요구하였다. 그래서 필자는 법정에서 그 상무에게 다시 한 번 기회를 줄 테니 나머지 별장을 허물 것을 요구하면서, 만약 허물지 않는 경우에는 보석을 취소하겠다고 경고하였다. 이후 다음 재판 때까지 영향력이 있던 그 상무는 오만 곳에 부탁을 하여 선배 부장판사는 물론 필자의 예비군 대대장까지 필자에게 선처를 부탁하는 청탁을 하게 하였다.

드디어 판결을 선고하기로 정해진 날이 왔다. 필자가 법정에서 그 상무에게 나머지 별장을 허물었는지 물어보니, 그 상무는 허물지 않았다고 대답하였다. 아마 그 상무는 자신이 관계요로에 청탁을 해놓아서 집행유예 정도는 받을 수 있을 것으로 확신한 듯 보였다.

그러나 "판사는 한 입으로 두 말을 하지 않습니다"라는 말과 함께 보석을 취소하였다. 선고는 1주일 후에 하겠다는 필자의 말을 들은 그 상무는 얼굴이 하얘져서 유치장으로 끌려갔고 보석을 취소한 지 3일만에 나머지 별장을 허물었다. 그래서 필자는 바로 다음날로 선고기일을 변경해서 벌금형의 선고를 해주었다. 그 이후 상당 기간 그 지역에서는 건축법 위반 등의 범법행위가 확 줄었다고 한다. 윗물이 맑으면 아랫물은 당연히 맑아지는 법.

　세상 사람들은 안 보는 듯해도 세상에서 무슨 일이 벌어지는지 다 보고 판단한 후 자신의 행동거지를 정하는 데 참고한다. 만약 위 사건에서 별장을 허물지 않은 상무에게 집행유예를 해주었다면 그 상무나 변호인은 판사에게 고맙다고 말은 해도 속으로는 '세상에 안 통하는 게 어디 있느냐'는 오만한 생각을 가졌을 것이고 세상 사람들은 '유전무죄, 무전유죄'라고 하면서 '그러면 그렇지'라고 사법부에 대해 자조 섞인 시선을 보냈을 것이다.

형부를
조심하세요

.

영장전담판사 시절에 있었던 이야기이다.

서울의 관악구에 있는 치과에서 간호조무사로 일하는 아가씨가 서울 노원구에 있는 경찰서에 와서 사촌형부가 자신을 강간하였다고 고소하였다. 이 아가씨의 진술에 의하면 사촌언니의 남편이 경영하는 치과의 간호조무사로 취직되어 시골에서 상경한 아가씨는 사촌언니 집에서 같이 살았다.

어느 날 치과 진료시간을 마감한 후 사촌형부는 아가씨에게 좀 남으라고 말을 하면서 다른 직원들을 먼저 보내더니, 시간이 좀 지난 다음 출입문을 잠그고 아가씨를 겁탈하기 시작하였다고 한다. 아가씨는 소리 지르며 필사적으로 저항하였으나, 결국 완력에 못 이겨 강제로 관계를 가지게 되었고 처녀막 파열상을 입었다고 한다.

위 일이 있은 후 고민하던 아가씨는 환자로 오던 사람에게 고민을 털어놓았다. 그 환자분은 관악구에서 고소하면 사촌형부의 영향력이 미칠지 모르니 멀리 떨어진 곳에 가서 고소를 하라고 충고하였고, 그 충고에 따라

거의 반대쪽인 노원구에 와서 고소하게 된 것이다.

당시 경찰에서 올라온 기록을 보니, 사촌형부는 범행을 극구 부인하였고 사촌언니도 형부의 편을 들어 아가씨가 돈을 뜯어내기 위하여 거짓 사실을 만들어 고소한 것이라고 항변하고 있었다. 그러나 필자는 아가씨가 처녀막 파열상을 입었다는 것은 음행의 습벽이 없다는 징표라고 생각하고 이러한 습벽이 없다면 영악하게 없는 이야기를 만들어 돈을 뜯어낼 의도로 허위 고소한 것은 아니라고 판단하였다. 그래서 필자는 영장을 발부하였다.

이후 그 사건을 변호한 변호사에게 사건의 추이를 물어보았다. 구속적부심사에서 일단 풀려난 사촌형부는 1심에서 계속 무죄를 주장하였으나, 그 주장이 받아들여지지 않아 유죄의 판결이 나고 법정 구속되어 결국 실형을 살았다는 것이다.

그 사건을 보면서 놀란 것은 사촌처제에게 몹쓸 짓을 한 사촌형부도 문제이지만 남편의 과오를 탓하지 않고 오히려 사촌동생을 돈이나 뜯으려는 파렴치한으로 본 사촌언니의 행동이다. 사촌언니는 결국 합의하고 반성하면 집행유예로 나올 수도 있는 남편을 실형에 이르게 한 것이 아닌가 생각한다.

좀 있다고 세상의 죄를 덮으려는 오만함으로 인하여 헤어날 수 없는 나락의 구렁텅이에 빠지는 죄인들을 어떻게 구원할 수 있을까.

혼인무효로
해주세요

가사부 배석판사 시절에 있었던 이야기이다.

지역의 어느 부유한 산부인과 의사 집 딸로서 유명대학에서 기악을 전공한 재원이 있었다. 그런데 이 딸이 교회를 다니면서 성가대에서 어느 남자를 만났는데, 그 남자는 여자에 비하면 가정이 형편없는 집안 출신이었다. 그러나 둘은 운명적인 사랑을 하였다. 그 여자는 아버지의 뜻을 거슬러 집을 나와 남자와 혼인신고 후 동거생활을 하면서 임신까지 하였다. 뒤늦게 찾아와 설득하는 아버지의 말을 듣기로 한 딸은 남자와 헤어져 집으로 돌아와 부부의 신분관계를 정리하기에 이르렀다.

그런데 당시는 혼인 후 이혼을 하는 경우 호적에 혼인신고사유와 이혼신고사유가 그대로 기재되던 시절이었다. 딸의 과거를 숨기고 싶었던 아버지는 변호사에게 의뢰하여 그런 흔적이 남지 않는 방법을 모색하게 되었다. 결국 남자가 여자 몰래 일방적으로 혼인신고를 하여 그 혼인은 무효라는 주장에 이르게 되었다.

필자가 기록을 살펴보니, 앞서 본 바와 같은 사연으로 혼인신고에 이르게 되었고 더욱이 딸의 아버지는 임신 8개월인 딸을 임신중절까지 시킨 사연이 드러났다. 당시 젊었던 필자는 분개하였다. 결국 딸의 신분을 세탁하여 순진무구한 다른 남자를 속여 결혼하기 위하여 거짓 주장을 하였을 뿐만 아니라 거의 분만 가능한 태아의 생명을 빼앗는 만행을 저지른 것이 아닌가. 필자는 이혼은 가능하여도 혼인무효는 불가하다고 강력히 주장하였고 결국 두 사람은 재판상 이혼조정으로 끝을 맺었다.

그 당시에는 그 딸의 아버지에게 분개하였으나, 지금 와서 생각하니 만약 내가 그런 아버지의 처지라면 어떤 선택을 하였을까. 지금까지 필자 말을 잘 듣는 자식들이 고마울 따름이다

자식은 부모가 태어나게 했지만 부모의 소유물은 아닌 듯하다. 자식에 대하여 조금만 더 냉정해질 수 있다면 좋으련만, 태어나게 한 죄로 끝까지 책임지려다 세상에 더 큰 죄를 짓게 되는 게 부모의 숙명인가?

확진 욕심 때문에
생긴 참사

　고등법원 배석판사 시절 의료사고 전담부에서 근무할 때 다루었던 사건이다.

　어느 유명병원에 심장 이상으로 찾아온 중년남자가 있었다. 담당의사는 심장에 질환이 있는지 여부를 진단하기 위하여 운동부하를 검사하는 트레드밀 엑서사이즈 기계에서 뛰게 하면서 심장파의 이상 유무를 살펴보았다.

　그런데 일정 부하구간에서 심장에 이상이 있을 수 있다는 증후가 나타났음에도 불구하고 그 담당의사는 좀 더 확진을 하고 싶은 마음에 운동부하를 더 늘렸다. 그러자 갑자기 트레드밀에서 뛰던 그 중년남자가 쓰러졌고 나중에 부검을 해보니 심장 파열로 사망에 이른 것이다. 유족들은 의료과실로 병원을 상대로 손해배상을 청구하였고 필자는 그 사건의 주심이 되어 판결을 작성하였다.

　통상 의료과실과 관련된 판결을 선고하면 병원에서는 담당 전문의들을 소집하여 판결을 돌려본 후 항소 여부 및 전략을 결정한다고 하는데, 나중에 부장님을 통하여 들은 이야기에 의하면 필자가 쓴 판결이 의학적으로 흠잡을 곳이 없을 정도로 완벽했다고 한다. 다만 병원은 대외적 이미지 등을 고려하여 대법원에 상고하였으나, 결국 상고기각으로 확정되었다.

맹장 밑에 약졸이 없다고 실력 있는 부장님을 모시니 몸 둘 바를 모를 칭찬까지 받는 복을 누렸다.

과유불급過猶不及이라고 했던가?! 어떻든 인간이 하는 의술인지라 실수는 있게 마련. 다만 그 실수 후 의사가 보이는 태도에 희생자의 가족들이 좌절하고 절망하는 것은 아닌지?

정도국가론正道國家論

2

결국 우리가 꿈꾸는 정의가 살아 숨 쉬는 나라란 바른 나라, 즉 정도
국가를 의미하는 것이 아닐까? 그렇다면 과연 정도국가란 어떤 나라
를 의미하는 것일까? 그 어려운 질문에 대해 저자 나름대로의 단상을
제시하고자 한다. 4대 강국에 둘러싸인 우리 민족의 생존과 번영을 위
하여 그리고 홍익인간이라는 건국이념의 구현을 위하여, 우리는 바르
고 강한 국가를 만들어 국태민안國泰民安의 새누리를 만들 역사적 책임
과 능력이 있다는 것을 믿는다.

1억 원짜리
피부샵의 교훈

  몇 년 전 대법원에서 재판연구관으로 근무할 때 일이다. 재판연구관은 대법관의 명에 따라 중요한 사건을 검토하여 의견을 제시하고 보좌하는 자리로, 힘이 들기도 하지만 판사라면 한번 경험하고 싶어 하는 소중한 직책이다. 그런데 당시 재판연구관들 사이에서 관심의 대상이 된 사건이 있었으니, 바로 16대 대선에서 이회창 후보가 노무현 전 대통령에게 석패한 선거가 무효라는 소송이 일반인에 의하여 대법원에 제기되어 심리되고 있었던 것이다.

  지지율에서 앞서가던 이회창 후보에 대하여 김대업 등이 이회창 후보 아들의 병역면제 의혹(이른바 병풍) 등 3대 의혹을 제기하면서 지지율이 역전되고 결과적으로 근소한 차이로 이회창 후보가 낙선하였다. 그 뒤에 밝혀진 사실에 의하면 김대업 등이 제기한 이회창 후보에 대한 3대 의혹은 모두 근거가 없었다.

  당시 재판연구관들 사이에 위 선거의 유효성 여부에 관하여 의견이 갈렸는데, 필자는 3대 의혹의 제기로 앞서가던 후보의 지지율이 역전되었고 뒤에 그 의혹이 허위로 판명되었다면 다시 선거를 하여야 한다는 입장이었다. 그러나 다른 재판연구관들은 이미 공식적으로 노무현 대통령의 당선을 선포하였으니, 뒤에 드러난 사정을 들어 위 선포를 뒤집는 것은 사회혼란만 가중시킬 뿐이라며 위 선거의 유효성을 인정하여야 한다는 입장이었다. 최종적으로 대법관님들은 후자의 견해를 따랐고 그 이유는 필자가 정확하게 기억하지 못하지만 다른 이유를 든 것으로 안다.

물론 필자는 위와 같은 재판연구관들의 견해 차이가 각자의 정치적 견해에 따른 입장 차가 반영되었을 가능성도 있다고 본다. 또한 대법원의 판결이 사회혼란을 방지하기 위한 사정판결이 아닌 법리적으로 나름대로 옳은 판단을 내렸을 수도 있다고 본다. 그러나 필자가 당시 느낀 우려는 대법원이 법리적으로는 선거무효가 맞음에도 그 판결의 파장력을 고려하여 이미 이루어진 잘못된 질서를 유지하는 판결을 내린 것이라면 법치주의의 최후 보루인 헌법기관으로서의 역할을 다하지 못한 것이 아닌가 하는 점이었다.

만약 당시 필자가 들은 바대로 위와 같은 3대 의혹의 제기가 지지율의 변화를 가져왔고 그 지지율의 변화에 상응하는 투표 결과가 나와 선거의 결과가 바뀌었다면, 결국 김대업 등이 제기한 이회창 후보에 대한 3대 의혹 제기는 나중에 김대업 등이 그로 인하여 형사적인 처벌을 받았을지언정 처음에 의도한 목적을 달성하였다는 것이고 이는 결국 국민의 선택을 호도하여 민의를 왜곡한 선거 결과를 초래하게 하였다는 것이다. 그렇다면 거짓 의혹 제기에 의하여 기망당한 국민의 총의를 다시 바로잡을 수 있는 기회를 대법원은 부여했어야 하는 것이 아닌가 하는 생각이다.

역사는 되풀이된다고 하던가. 서울시장 선거에서 한나라당 나경원 후보에 대한 이른바 1억 원짜리 피부샵 의혹이 사실이 아닌 것으로 밝혀졌다. 그렇다면 당시 위 의혹으로 지지율의 반전이 생기고 그 반전된 지지율이 실제 투표 결과로 나와 당선 여부가 바뀌었다면, 이번에도 기존의 질서에 미칠 파장력을 생각하여 위 선거의 결과를 용인하여야 할지를 생각해보아야 할 것이다.

특정한 목적의 달성을 위하여 거짓을 일삼는 것을 용인하는 사회는 결국 그 거짓에 의하여 부당하게 이루어진 왜곡된 결과를 시정할 수 있는 힘이 없는 사회가 될 것이다. 그렇다면 누가 정의를 위하여 진실을 말하여야 한다고 외칠 수 있고 아이들에게 정직이 최선의 방책이라고 교육할 수 있을까? 많은 것을 생각하게 하는 선거이다.

검경 간의 수사권
조정을 둘러싼 갈등을 바라보며

얼마 전에 '경찰이 검찰의 지휘를 받아야 하는 수사권의 범위와 관련한 규정을 대통령령으로 정하여야 하느냐, 아니면 법무부장관령으로 정하여야 하느냐'라는 문제를 둘러싸고 검찰과 경찰이 격한 갈등을 보였다. 결국 검찰의 최고 총수인 검찰총장이 검찰의 의지를 관철시키지 못한 것에 대해 책임을 지고 사임하였고 이를 계기로 그 갈등이 수면 밑으로 가라앉는 듯한 모습을 보였다.

위 갈등을 본 국민들의 여론이 어떠한지는 정확히 모르나, 느낌상 검찰이 너무 민감하게 대응한 것이 아니냐는 것이 여론이 아니었는가 생각한다. 과도한 권한을 가졌다고 생각되는 검찰이 자신의 권한을 제대로 행사하지도 못하면서 사소한 수사권을 경찰에 넘기는 것에 대하여 조직적으로 저항하는 태도를 보인 것은 조직이기주의에 집착하여 국민을 무시하는 처사라고 생각하는 것 같다.

살아 있는 권력에 당당한 검찰다운 검찰을 갈망하는 국민을 실망시킨 검찰의 업보라는 점에서 수사권의 조정을 포함한 귀속에 관한 이런 국민들의 감정을 무시할 수 없다. 그러나 우리는 이 문제를 감정적인 면을 떠나 좀 더 냉정한 눈으로 바라보아야 하지 않는가 생각한다. 왜냐하면 수사권의 귀속문제는 단지 수사권을 검찰이나 경찰 중 어느 권력기관에 귀속시킬 것이냐 하는 단순한 문제가 아니라, 국민의 기본권을 침해할 가능성이 가장 높은 국가권력 작용 중의 하나인 수사권을 어떻게 귀속시켜야 견제와 균형의 원리에 부합하여 결국 국민의 기본권을 옹호할 수 있느냐 하는 문제와 직결되기 때문이다.

그렇다면 수사권의 귀속과 관련하여 우선 생각해야 할 문제는 수사권을 누구에게 귀속시켜야 수사권이 남용되지 않고 본래의 기능을 발휘할 수 있는지를 살펴보는 것이다. 그런데 권한의 남용이 과대한 권한의 귀속에 기인하는 것이라는 전제가 맞을 경우, 결국 지금 과대한 권한을 가진 검찰이 수사권을 남용한다고 느껴진다면 그 권한의 일부를 다른 기관에 이전하여 상호 견제하게 한다는 발상 자체는 타당하다고 본다. 다만 검찰로부터 수사권의 일부를 이전받는 주체 역시 현재 막강한 권한을 가진 조직이라면 수사권의 조정을 통하여 과연 상호 견제와 균형을 통한 권한의 통제라는 본래의 목적을 달성할 수 있을까 의문이다.

필자는 검찰의 수사권 일부를 이전받고자 하는 경찰조직에 대하여 아는 바가 거의 없다. 그래서 경찰조직이 과연 검찰이 가진 수사권의 일부를 이전받아도 남용의 문제가 생기지 않을지 여부에 관하여 자신 있게 논할 입장은 아니다. 다만 경찰이 검찰의 조직과는 비교조차 되지 않을 정도로 어마어마한 인적·물적 조직을 가진 전국단위의 권력기관으로서 검찰이 갖고 있지 못한 정보수집 권능까지 가지고 있다는 점에서 우려를 떨쳐버릴 수 없다.

우리는 과거 정보수집 권능을 가진 국가정보원의 전신인 안전기획부가 휘두른 수사권의 행사로 인하여 얼마나 많은 무고한 시민들이 기본권을 침해당했는지, 그 뼈아픈 경험을 잊지 말아야 한다. 더욱이 경찰의 간부조직이 현재 대부분 특정대학 출신으로 구성되어 있고 앞으로도 그런 경향이 지속될 것이라는 점에서 더욱 걱정이 된다. 왜냐하면 우리는 과거 군의 간부조직이 대부분 특정대학 출신으로 구성되는 바람에 막강한 비선조직의 권한행사로 인하여 큰 피해를 본 경험이 있기 때문이다.

국민의 기본권을 옹호하려고 논의된 수사권의 조정문제가 권력기관 사이의 권한강화 싸움이라는 이전투구에 그치는 우를 범해서는 안 된다. 지금부터라도 수사권 조정의 궁극적인 목적인 기본권 옹호를 위하여 권력의 상호 견제와 균형이라는 원칙에 입각한 본질적인 논의가 필요하다 할 것이다.

검찰개혁,
중수부 폐지가 만능인가?

검찰이 사상 초유의 위기에 직면한 것 같다. 돈검사, 성검사에 이어 브로커검사라는 조롱 섞인 신조어를 양산하면서 검찰의 신뢰가 땅에 떨어져 더 나락할 곳이 있는지 궁금하다.

과거 권위주의 시대에 검찰의 위상은 대단했다. 피의자도 아닌 참고인의 신분으로 검찰청에 들어가 수사관으로부터 뺨 한 대 맞지 않고 집에 돌아오면 그날은 운수대통한 날이라고 치부하던 시절도 있었다고 한다. 그런 검찰에 대하여 일반국민들이 머리 똑똑한 검사들이 불의를 바로잡고 부정한 세력을 척결해줄 것이라는 기대를 가졌던 때도 있었다. 그러나 검찰은 그런 국민의 기대를 철저히 외면하였고 그 대가로 대선후보마다 검찰의 개혁을 외치고 있으니 만시지탄이 아닐 수 없다.

이런 검찰의 모습을 바라보는 국민들은 더 답답하다. 옆집 동네아저씨가 추태를 부린다고 생각하면 마음 편하련만, 결국 검찰이 바로서지 못하면 세상의 정의가 없고 세상의 정의가 없으면 힘없고 돈 없는 민초들의 삶만 괴로운 것 아닌가. 그렇다면 국민들은 지금 검찰이 보이는 희극 한편을 보고 자조할 때가 아니다. 검찰이 왜 이 지경에 이르렀고 진정으로 국민을 위한 검찰이 되기 위하여 지금 무엇을 해야 하는지를 심각하게 생각해보아야 할 때이다.

똑똑하고 야심찬 청년이 그 어렵다는 사법고시를 합격하고 소정의 사법연수원 교육을 받은 다음 검사로 임용되면, 세상의 불의를 타파하고 검사장 급으로 출세하여 이름을 떨치겠다고 생각한다. 그러나 이러한 포부에도 불구하고 검사생활을 하다 보면 세상의 정의가 일개 검사의 힘만으로서 되는 것이 아니라는 점을 깨닫게 되고, 검사장으로 승진한 선배를 보면 반드시 의로운 검사가 검사장이 되는 것도 아니라는 현실을 알게 되면서 검사들은 깊은 고민에 빠진다.

그러면서 정치적으로 처신을 잘하고 전직 검찰고위간부가 선임된 사건을 잘 처리해주는 것이 상관인 인사권자로부터 칭찬받고 승진하는 데 유리하다는 세상의 처세술을 깨우친다. 살아 있는 권력에 대한 비위사건은 사건보관함에 잘 보관하고 있다가 그 권력이 빈사상태에 빠질 무렵인 정권말기쯤에 꺼내서 수사하기 시작하는 것이 큰 탈이 없다는 지혜(?)도 배운다. 결국 세상의 정의를 세우기 위하여 고집을 세우는 검사보다는 현실적인 세상의 흐름을 잘 읽고 곡학아세하는 검사가 더 높은 지위에 올라가 부귀영화를 누릴 수 있다는 세상의 철칙을 발견한 후 이를 따른다. 그러니 교과서에나 나올 법한 정의를 구현하는 검사의 상은 타락한 권력추구자로서 정권의 잡견으로 현실화될 수밖에 없다.

그렇다면 이런 검찰을 본연의 모습으로 돌리는 방법은 무엇일까. 그 원리는 의외로 간단할지도 모른다. 국민들이 바라는 정의를 위하여 살아 있는 권력에 맞서 충실하게 수사하고 검찰권을 행사하는 진정한 검사를 제대로 평가하여 고위직 업무를 맡기면 될 것이다. 그러기 위해서 당장 시급하게 해야 할 일은 제대로 검찰권을 행사하는 검사가 누구인지 제대로 평가할 수 있는 제도적 장치를 마련하는 것과 일신의 영달을 위하여 눈치나 보고 비위를 저지르는 정치검사나 비위검사를 강력하게 감찰할 수 있는 독립적인 외부조직을 만드는 것이다.

그리고 그 이후에 검찰이 가진 막강한 권한을 적절하게 분배함으로써 견제와 균형 속에 불의를 타파하는 맹견으로서의 검찰을 만들어주어야 할 것이다. 그런 과정에서 비위를 저지른 정치권이 대검중앙수사의 존재를 두려워한다면 이를 존치하여 검찰로 하여금 충실한 감시견으로서의 역할을 다하도록 보호해줄 의무도 있다고 생각한다. 결국 중수부의 폐지나 감찰기관의 신설보다 더 중요한 것은 올바른 검사를 발탁해서 키워줄 수 있는 제도일 것이다.

검찰개혁의
요체

필자가 검찰과 관련하여 느끼는 평소 문제점은 크게 두 가지이다.

그 하나는 정치검찰의 문제이다. 정권이 시퍼렇게 살아 있을 때는 숨도 못 쉬던 검찰이 죽은 권력에 대해서 혹은 권력의 말기에 오면 강해지는 모습을 종종 볼 수 있다. 죽은 권력에 대한 단죄는 검찰이 아니더라도 할 수 있다. 검찰이 검찰다워지려면 살아 있는 권력에 강한 모습을 보여야 할 것이다.

그렇다면 살아 있는 권력에 강한 검찰은 어떻게 만들 것인가. 우선 생각할 수 있는 것이 과거 정치검찰 역할을 하면서 출세한 자들에 대하여 감찰의 정도를 넘어 형사 처벌하는 것을 생각해볼 수 있다. 즉 정치적으로 민감한 사건을 처리하면서 위정자의 입맛에 맞게 처리한 후 그 대가로 출세한 검사를 정권교체 후 형사 처벌하는 방법이다. 처음에는 정치보복으로 비쳐질 가능성이 있으나, 일관되게 처벌하면 일시적인 영달을 위하여 검찰권을 왜곡하려는 시도를 주저하고 국민의 편에서 검찰권을 행사할 것이라고 생각한다.

　다른 한 가지 문제점은 검찰의 수사의지 미약이다. 이는 대외적으로 검찰 출신에 대한 전관예우 의심과도 연결된다. 즉 검찰 출신 변호사가 수임한 사건에서 실체적 진실과는 거리가 먼 편파적인 결정이 나는 경우가 있다. 또한 많은 국민들이 검찰이 고소된 사건에 대하여 의문 나는 부분을 수사할 생각은 하지 않고 증거를 고소인에게 가져오라는 무리한 요구를 한다고 생각한다. 증거 확보가 되지 않아 고소를 한 국민들의 입장에서 보면 도저히 납득이 가지 않는다. 검찰 불신의 주요 요인이 아닌가 생각한다.

　이런 문제점을 해결하는 방안으로 필자는 검사에 대한 평가방식의 변경을 생각해볼 수 있을지 않을까 생각한다. 지금까지는 검사에 대한 평가를 주로 상관들이 하였으나, 수사종결 이후 또는 형 확정 이후 고소인, 피의자 등의 관계인들에게 수사검사나 공판관여검사에 대한 평가를 하게 하는 것이다. 적어도 수사를 받은 사람들은 사건의 진실을 제일 잘 알고 있기 때문에 어느 검사가 실체적 진실을 밝히기 위하여 수사의지를 가지고 수사를 하였는지 잘 평가할 수 있을 것이다. 또한 검사들은 자신의 인사권자가 아닌 국민을 바라보고 수사를 할 것이다.

독립된 수사기구
창설의 필요성

　새로운 정부의 출범을 앞두고 각계각층의 국민들이 새 정부에 거는 기대는 다양하다. 그 기대 중의 하나로 올바른 법치국가의 확립도 손꼽힐 것이다.

　과거 우리는 민생고의 해결을 위한 경제성장지상주의에 빠져 경제성장이라는 과실을 만들기 위한다는 명목으로 어느 정도 있는 자들의 반칙을 눈감아주었던 시절이 있었다. 그 결과 과실이 사회 구성원에게 공평하게 분배되지 않아 사회가 양극화되면서 가진 자와 못 가진 자들이 서로 질시와 반목을 함으로써 사회가 이원화되는 고통을 겪고 있다.

　이와 같은 부작용을 극복하고 진정한 민주복지국가를 건설하기 위해서는 무엇보다도 법과 원칙에 따른 사회통합이 절실하게 필요한 지경에 이르렀다. 새로운 대통령은 이런 국민의 기대를 잘 알고 있기 때문에 후보자 시절부터 법과 원칙이 통하는 사회의 확립을 강조하였고 그 실천의 징표로 법조인 출신의 국무총리후보를 지명하였다.

법과 원칙이 통하는 올바른 법치국가의 확립을 위해서는 정부 구성원 개개인의 자질도 중요하겠지만, 그에 못지않게 여러 가지 제도적 장치도 필요할 것이다. 그 중의 하나로 지금은 수면 아래 잠복해 있으나, 검찰과 경찰의 수사권 조정문제도 시급히 해결해야 할 문제가 아닌가 생각한다. 특히 새로운 정부의 출범을 계기로 정부조직과 권한의 조정이 수반되는 정권 초기에 검찰과 경찰이 수사권 조정문제를 둘러싸고 다시 한 번 충돌할 것은 시간문제일 뿐 불을 보듯 명확하다.

그렇다면 과연 검찰과 경찰이 충돌하고 있는 수사권 조정문제의 본질은 무엇이고 어떤 제도적 장치로 문제를 해결할 수 있을지 고민해볼 시기가 되지 않았나 생각한다.

우선 검찰과 경찰이 각기 주장하고 있는 수사권 조정문제의 핵심은 한 마디로 누가 수사의 주재자가 될 것인가란 문제이다. 검찰은 과거 군사독재 시절 경찰의 비민주적인 인권침해 사례를 들어 국민의 인권보장을 위해서는 자신들이 수사를 주재해야 한다고 주장하고 있다. 이에 반하여 경찰은 검찰이 전 세계에 유래가 없이 수사권과 기소권을 독점하면서 무소불위의 권력을 행사하고 있다는 점을 들어 수사권을 자신들이 행사하고 검찰은 기소권으로 사후 통제를 해야 한다고 강변하고 있다. 결국 양 기관은 자신들이 수사권을 행사하여야만 국민의 인권이 보장된다는 논리를 펴고 있는 것이다.

그렇다면 과연 국민들은 수사권에 대하여 어떤 생각들을 가지고 있는지 살펴보아야 할 것이다. 우선 과거의 군사독재 시절 수사를 빙자한 인권침해의 아픈 경험이 있는 국민들은 수사에 있어서 인권보장이라는 절차적 정의를 요구하고 있다. 이런 절차적 정의를 확립하기 위해서는 무엇보다도 수사권을 행사하는 기관에 대한 견제와 감시기능이 반드시 필요할 것이다.

한편 국민들은 살아 있는 권력에 대하여 엄정한 수사를 할 수 있는 능력이 있는 수사기관을 원하고 있다. 따라서 정치권력으로부터 독립된 수사기관이 효율적인 수사를 할 수 있는 조직을 갖추도록 국민들은 원하고 있다. 특히 정치적인 권력 이외에 강력한 경제력을 가진 재벌들에 대한 엄정한 법집행을 위해서 전문적이고 효율적인 수사기관이 필요할 수밖에 없다고 본다. 그렇다면 결국 국민들이 원하는 새로운 시대의 수사기관은 정치권력 및 경제금력으로부터 독립되어 있으면서 효율적이고도 전문적인 수사권을 행사할 수 있는 통제 가능한 수사주체로 요약할 수 있을 것이다.

그런데 현재 각종 비위로 얼룩진 절대권력의 검찰이 위와 같은 국민의 욕구를 충족시키지 못할 것은 자명하다. 그렇다고 과거 어두운 전력이 있는 경찰이 위와 같은 역할을 다할 것이라고 믿을 수도 없다. 더욱이 경찰이 현재와 같은 방대한 정보조직을 가진 상태에서 독립된 수사권마저 가지면 너무 권한이 비대해진다.

결국 미국의 연방 수사국과 같이 기존의 검찰과 경찰로부터 독립한 제3의 수사기구를 창설하는 것만이 답이 아닌가 생각한다. 물론 미국은 연방국가로서 주정부의 수사권과 연방 수사권이 이원화되어 있어 연방수사국을 바로 우리나라에 도입할 수는 없다. 그러나 적어도 오로지 수사권만을 보유하는 독립된 기관을 창설함으로써 검찰과 경찰을 견제하면서도 효율적으로 수사권을 행사하여 인권을 보장하면서 거악을 척결하는 사회정의를 구현할 수 있을 것으로 기대된다.

대법원과 헌법재판소의
통합 필요성

최근 대법관 출신 국무총리가 대법원과 헌법재판소의 통합을 위한 개헌을 언급하면서 여러 의견들이 표출되고 있다. 그분이 대법관 출신이라 대법원에서 헌법재판권을 다시 가져감으로써 대법원의 위상을 높이기 위한 의도가 아닌가라는 오해를 받고 있으나, 일국의 국무총리가 그런 얕은 생각을 가지고 그런 이야기를 하였을 리가 있겠는가.

법을 다루는 전문가의 입장에서 현행 대법원과 헌법재판소의 이른바 '한정합헌'을 둘러싼 갈등은 어떤 방법으로라도 해결할 필요성이 있다고 본다. 특히 양 기관의 권한다툼으로 인하여 결국 같은 법조문을 가지고 양기관이 다르게 해석하여 충돌하는 모습을 보임으로써 법치주의 정신에 반하는 혼란을 야기할 뿐만 아니라, 그로 인하여 피해를 보는 사람은 궁극적으로 법을 믿고 따르는 선량한 국민들이기 때문이다. 어떤 기관의 위상을 높인다는 점에서가 아니라 진정으로 국민을 위한 법치주의의 확립을 위해서 양 기관의 통합을 진지하게 고려해볼 시점이 되었다고 생각한다.

그러나 양 기관의 통합 필요성이 있다고 하더라도 헌법재판권을 가지고 있었던 대법원으로부터 독립된 별도의 헌법재판소를 설립하게 된 역사적 배경에 대한 성찰은 반드시 해야 할 것으로 보인다. 그래야만 양 기관의 통합 당위성이 생기고 진정으로 국민을 위한 제도가 만들어질 수 있기 때문이다.

과거 대법원은 헌법재판이 본질적으로 안고 있는 정치적 부담 때문에 그 권한의 행사에 소극적이었고 그런 불만들이 누적되어 헌법재판만을 전담하는 헌법재판소를 만들게 되었다. 그와 같은 역사적 배경 아래 태어난 헌법재판소가 완전히 만족할 정도로 그 기능을 수행하고 있는지에 관하여는 논란이 있을 수 있다. 그러나 적어도 우리나라와 같은 별도의 헌법재판소를 두고 있지 않은 일본이 우리보다 더 긴 근대적 사법제도의 역사를 가지고 있음에도 불구하고 위헌법률을 선고한 예가 거의 없는 점에 비추어 보아도 나름대로 자신의 역할을 수행하고 있다고 볼 수 있다.

그렇다면 다시 양 기관의 통합을 논함에 있어 위와 같은 역사적 배경을 고려한다면, 양 기관을 통합하되 어떻게 국민을 위하여 헌법재판을 활성화할 수 있는 제도적 장치를 만들 것인가를 고민해야 할 것이다.

필자는 과거 헌법재판소가 신설된 역사적 배경에서 그 해답을 찾을 수 있지 않을까 생각한다. 과거 헌법재판만을 전담하는 헌법재판소가 설립

됨으로써 헌법재판소는 기관의 존재성을 부각시키기 위해서라도 당연히 헌법재판 업무를 활성화하는 여러 가지 제도적 고안을 창출하지 않을 수 없었다고 본다. 그렇다면 만약 양 기관을 통합한다고 하더라도 기존의 대법관이 헌법재판을 포함한 모든 재판을 분담하지 말고 대법원 안에 오로지 헌법재판만을 전담하는 전담재판부를 만들어 운영하면, 그 전담재판부 역시 존재감을 부각시키기 위해서라도 헌법재판을 활성화하지 않을까 생각한다.

로스쿨제도의
빛과 그림자

　우리나라가 도입한 로스쿨제도는 도입 초부터 큰 문제점을 안고 있었다. 법무사, 세무사, 공인중개사, 노무사, 변리사 등 법률유사직역에 대한 정리가 되지 않은 상태에서 변호사의 숫자만 늘리는 형국이 되었다. 물론 변호사의 숫자가 늘어남으로써 변호사 사무실의 문턱이 낮아질 것이라고 환호하는 사람들도 있지만, 전문가의 배를 곯게 하면 전문가가 고등사기꾼이 될 수 있어 그 폐해가 순진한 일반국민들에게 미친다는 것을 우리는 경험적으로 알고 있다.

　그러나 로스쿨제도가 가진 장점을 생각하면 사법시험 세대인 필자 자신도 로스쿨제도에 찬성하는 바이다. 우선 로스쿨 교육을 통하여 특정 분야의 전문지식을 가진 전문가에게 법적 기술을 접목시킴으로써 분쟁의 정확한 해결을 도모할 수 있다는 장점이 있다. 이전에 우스갯소리로 의뢰인들이 변호사에게 비싼 수임료를 주고 공부도 가르쳐가면서 소송을 했다는 이야기가 있으나, 앞으로는 그렇지 않을 것이다.

다음으로는 로스쿨제도로 인하여 진정한 의미에서 법조 일원화를 꾀할 수 있다는 것이다. 로스쿨을 수료한 변호사들 중에서 인성과 능력을 지닌 사람들을 선발하여 평생법관의 지위를 부여함으로써 전관예우의 폐해도 극복할 수 있다. 그리고 무엇보다도 다양한 경험을 가진 변호사들이 배출됨으로 인하여 그동안 법치의 사각지대로 남아 있던 분야가 줄어들고 수임료의 적정화를 통하여 법에서 소외된 계층이 줄어드는 긍정적인 효과도 기대할 수 있을 것이다.

그런데 위와 같은 로스쿨제도의 긍정적인 효과를 배가하기 위하여 몇 가지 짚고 넘어갈 것이 있다. 우선 수료생의 일정 비율에 해당하는 숫자로 하여 변호사로서의 기본적인 실력과 소양이 갖추어졌는지 의문이 드는 수료생에게까지 변호사 자격을 주는 시험제도는 하루 빨리 보완해야 할 것이다. 즉 일정한 정도의 실력과 소양이 갖추어진 수료생이라면 그 숫자에 상관없이 모두에게 변호사 자격을 주어야 한다. 이는 일정 수준 이하의 수료생에게는 절대로 변호사 자격을 주어서는 안 된다는 뜻이다. 타인의 귀중한 권리와 재산을 지키는 일을 하는 변호사의 실력과 소양에 대하여 국민들이 의심한다면 이는 곧 모든 법조인들의 공멸을 의미하기 때문이다.

둘째로는 로스쿨 수료생들도 자신의 초기 지위에 대한 기대치를 낮출 필요가 있다고 본다. 이전에 사법시험 시대처럼 합격생의 희소성으로 인하여 대접받던 춘몽(?)을 깨고 오히려 치열한 경쟁 속에서 자신의 역량을 검증받음으로써 실력으로 대접받을 생각을 해야 할 것이다.

셋째로는 법률유사직역의 존폐 및 규모에 대한 정치적 결단을 통해 법률전문가 숫자의 적정화가 필요하다고 본다. 결국 그 사회가 수용할 수 있는 숫자 이상의 법률전문가가 배출되면 그들 사이에서 유지되던 직업윤리가 뒷전으로 내몰릴 수 있고 그 폐해는 앞서 언급하였듯이 순진한 일반국민들이 입게 되기 때문이다. 그와 함께 비리 변호사에 대한 엄정한 징계와 처벌이 제도적·관행적으로 정착되어야 할 것이다. 치열한 경쟁에 수반될 수 있는 반칙과 비리에 대하여 철퇴를 가하여 바른 법조윤리가 정착되게 해야 한다.

사법시험과 사법연수원제도를 통하여 배출된 기존의 법률전문가들이 로스쿨제도를 통한 법률전문가의 양산에 대하여 깊은 우려를 표하고 있는 것이 현실이다. 세상 사람들은 밥그릇 싸움이라고 폄하할지 모르나, 앞서 언급하였듯이 로스쿨제도 그 자체를 위한 일정 숫자 이상의 수료생 배출이라는 변호사 시험이 계속되는 한 그 우려는 현실이 될지 모른다.

그러나 위에서 언급한 점들을 보완한 후 로스쿨이 가진 장점들을 잘 살린다면 그 혜택은 국민에게 돌아갈 것이다. 그렇게 되면 법정에서 법률전문가의 조력을 받지 못하여 재판장이 하는 '외계인 같은 이상한 말'을 알아듣지 못해 애를 태우는 서민들이 없게 될지 모른다. 소액사건 법정에서 변호사 자격이 없는 금융기관의 직원들이 소송대리허가를 받아 출석하였는데, 소송진행절차를 몰라 재판장이 언성을 높이는 일도 사라질지 모른다. 국회에서 보좌관이 변호사 자격이 있다면 회의장에 진입하기 위하여 난투극을 벌이는 대신 국민들을 위해 좀 더 좋은 법률안을 만들기 위하여 밤을 지새울지도 모른다.

또한 외국투기자본이 우리나라에 와서 이른바 '먹튀'를 하고도 부과된 세금을 면하기 위하여 '투자자국가소송제도'를 악용하려 할 경우에 그러한 불의에 당당히 맞설 수 있는지 모른다. 또한 전 세계인들에게 독도의 실효적 지배를 국제법적인 관점에서 명쾌하게 영어로 설명하는 모습을 볼 수 있을지도 모른다. 무엇보다도 대통령이 신년에 헌법적 사고가 반영된 법률용어가 섞인 대국민담화문을 읽어 내려가는 모습을 보게 될 날이 올지도 모른다.

우리는 왜
강해져야 하는가

2010년 11월 23일 연평도에서 일어난 북한의 포격사태를 보면서 착잡한 마음을 금할 수 없었다. 같은 민족으로 태어나 원치 않는 분단을 겪은 후 일방이 생존을 위하여 다른 일방의 생존을 위협하는 모순된 상황을 보면서 우리 민족에게 왜 이런 시련이 왔는지를 생각하지 않을 수 없었다.

돌이켜보면, 일제 강점기를 지나 해방 이후 국토와 민족이 분단된 후 서로에게 총부리를 겨누며 동족상잔의 비극을 겪었을 뿐만 아니라 근현대사를 통하여 이념의 갈등 속에 크고 작은 분쟁이 벌어지고 그 과정에서 민족의 힘이 하나가 되지 못하고 반목과 질시 속에 극한투쟁의 역사가 전개된 가장 근본적인 원인은 무엇인가?

바로 구한말 시기 격동하는 세계사 속에서 우리의 힘이 부족하여 우리 스스로가 우리를 지킬 수 없었고 그로 인하여 결국 열강세력의 이해관계에 따라 국가의 운명이 결정되는 치욕적인 역사적 사건에 기인하는 것이 아닌가 생각한다.

지금 우리 민족은 역사 이래 가장 융성한 번영을 누리고 있으나, 이 역시 반쪽의 땅에서 반쪽의 민족만이 누리고 있을 뿐이다. 더욱이 같은 민족인 북한은 이런 우리의 번영을 시기하면서 아직도 적화야욕의 헛된 망상을 버리지 못하고 있기 때문에, 우리가 현재 누리는 번영은 불완전한 번영에 불과하다.

　또한 우리나라는 미중일러 등 세계열강들의 이해가 충돌하는 지정학적 위치로 인하여 우리 스스로가 강하지 않으면 다시 한 번 지난 세기에 겪었던 민족적 수치를 되풀이하여 당하지 않는다는 보장이 없으므로, 더욱더 우리의 안전과 번영을 위하여 강한 나라를 만들 필요성을 절실히 느낀다.

　그렇다면 과연 우리가 우리 및 자손들의 안전과 번영을 위하여 반드시 이루어야 할 강한 나라는 어떤 나라인가?

강한 국가란
어떤 국가인가

강한 국가의 정의에 대하여는 여러 가지 견해가 있을 수 있다. 경제적으로 강한 국가, 국방력이 강한 국가, 인구가 많고 영토가 넓은 국가 등 보는 관점에 따라 강한 국가의 의미가 달라질 수 있다.

그러나 역사적으로 돌이켜보면, 저 로마제국이나 과거 중국의 왕조와 같이 아무리 경제적으로 잘 살고 넓은 땅과 많은 국민을 가졌으며 국방력이 튼튼한 국가라고 하더라도 그 구성원인 국민들이 올바른 가치관을 가지고 국가를 사랑하고 지키려는 애정을 보이지 않으면 결국은 쇠망하기 시작하여 역사의 뒤안길에 남게 된다는 사실을 우리는 깨달을 수 있다.

그렇다면 이와 같은 역사적인 교훈에서 볼 수 있듯이 진정으로 강한 국가를 만들기 위해서는 그 구성원 개개인이 올바른 국가관을 가지고 그 국가를 가꾸고 지키려는 노력과 애정을 보여야만 한다.

국민 개개인이 진정으로 자신의 생명과 재산을 바쳐서라도 만들고 가꾸고 싶으며 후손들에게 물려주고 싶은 국가야말로 어떠한 대내외적인 도전으로부터도 살아남을 수 있는 강한 국가가 될 수 있다. 과거 페르시아를 물리치고 번영을 구가하던 그리스나, 카르타고 한니발 장군의 침략을 물리치고 지중해를 내해로 만드는 제국을 건설한 로마제국이나, 나폴레옹을 중심으로 전 유럽에 자유 · 평등 · 박애의 정신을 전파한 프랑스나, 전 세계에 해가 지지 않는 제국을 건설한 대영제국이나, 세계 최강국으로 군림하고 있는 미국 등을 보라. 모두 그 융성기에는 국민 개개인이 국가에 대한 무한한 신뢰 속에 애국심으로 일치단결하였기 때문에 번영을 누릴 수 있었다.

그렇다면 강한 국가가 되기 위한 요소는 무엇인가?

강한 국가의
요소

강한 국가를 이루는 요소는 무엇인가? 앞서 강한 국가의 정의에서 언급하였듯이 경제력이나 국방력, 많은 인구나 넓은 영토가 아니라 건전한 정신을 가진 국민이 사랑하는 국가야말로 진정으로 강한 국가라면, 과연 강한 국가는 어떤 요소로 이루어져야만 하는가?

우선 국민이 사랑하는 강한 국가가 되기 위해서는 국민이 국가를 믿을 수 있어야 한다. 일찍이 공자께서도 국가를 이루는 군사, 식량, 신뢰 중에서 가장 중요하고도 끝까지 지켜야 할 요소로서 국민의 국가에 대한 신뢰를 꼽으셨다.

그렇다면 국민으로부터 신뢰받는 국가를 만들기 위해서는 무엇이 필요한가? 바로 다름 아닌 굳건한 미래관과 국가관을 가진 도덕적으로 흠이 없고 정직한 지도자가 필요하다 할 것이다. 국민들이 신뢰하고 따를 수 있으려면 우선 도덕적으로 깨끗하고 신념이 있는 정직한 지도자가 솔선수범하는 자세를 보여야 한다.

그리고 그런 지도자가 국가를 위하여 희생한 사람들에게 걸맞은 대우를 해주면서 젊은 세대에게 꿈과 희망을 줄 수 있는 비전을 제시하고 이를 국민들이 믿고 따른다면, 우리가 원하는 정말 강한 국가를 만들 수 있다. 즉 강한 국가란 지도자다운 지도자가 지도하고 이를 국민들이 믿고 따르는 정도국가正道國家를 의미하는 것이라 생각한다.

　그렇다면 정도국가란 구체적으로 어떤 국가를 의미하는가?

정도국가

바른 나라, 즉 정도국가正道國家란 어떤 나라를 의미하는가에 대하여는 개인마다 의견을 달리할 수 있다. 그런데 정도국가란 정상적으로 운영되는 국가를 의미한다고 할 것이고, 나는 정상적으로 운영되는 국가란 국민이 정상적으로, 즉 정직하게 살아도 불이익을 보지 않는 나라라고 정의하고 싶다.

모든 나라가 겉으로는 정교한 통치구조를 가지고 있고 그런 통치구조는 헌법과 법률을 통하여 공표되어 있어, 드러난 헌법과 법률조항만 보면 모든 나라가 정상적으로 운영되어야 마땅할 것이다. 그럼에도 불구하고 지구상에 존재하는 국가 중에는 정상적으로 통치되는 국가가 있는가 하면 그렇지 않은 국가가 존재하는데, 그 이유는 바로 그와 같은 통치구조가 정직을 바탕으로 하여 투명하게 운영되는지 여부에 따라 다른 결과가 발생하기 때문이다.

예컨대, 국민의 자유와 인권이 보장되지 않는 북한조차도 헌법이나 법률로 보면 나름대로 정상적인 통치구조를 가지고 있다. 그러나 그 사회는 최고지도자가 독재를 위하여 국민들에게 거짓말을 하고 그 거짓말을 은폐하기 위하여 국민들의 자유와 권리를 억압하고 감시하기 때문에, 우리는 북한을 바른 나라라고 부를 수 없는 것이다.

반대로 미국은 우리가 생각하는 것보다 헌법이나 법률체계가 형식적으로는 정치精緻하지 않다. 그러나 그 사회는 정직을 바탕으로 국가 운영이 투명하게 이루어지고 국민들이 권력을 감시하기 때문에 지도자는 진정으로 국민들을 위하여 국가 운영에 헌신할 수밖에 없도록 사회가 이루어져 있다. 그렇기 때문에 적어도 미국민들은 정직하게 세상을 살아도 불이익을 보지 않고 오히려 거짓말을 하다가 발각되면 사회에서 매장당하는 큰 불이익을 받게 된다. 따라서 국민들이 정직하게 살고 그렇게 살아도 불이익을 받지 않는 나라가 정도국가이다.

그렇다면 왜 정도국가를 만드는 데 있어서 정직이 중요한가를 다시 한 번 생각해보자.

바른 나라의 징표로서
정직의 중요성

우리는 사회생활을 하면서 거짓말을 하고 싶은 많은 유혹에 빠진다. 즉 거짓말을 통하여 부와 명예를 누릴 수 있는 기회가 주어진다면 우리는 거짓말을 할 것인가 아니면 정직할 것인가를 고민하게 될 것이다.

만약 사회가 거짓말을 하여도 들통이 나지 않고 오히려 거짓말을 통하여 큰 부와 명예를 누릴 수 있으며, 거짓이 들통 나도 그에 상응한 불이익이 주어지지 않는다면, 모든 사회 구성원은 거짓말을 하는 데 조금도 주저하지 않을 것이다. 그런 사회는 사회 구성원 서로가 기망하기 위하여 온갖 노력을 다할 것이고 그 사회에서 결국 성공하였는지 여부를 판가름하는 잣대는 어떤 수단과 방법을 통하든 상관없이 구성원 개개인이 얻은 부와 명예의 크기일 것이다. 즉 결과만이 중요할 뿐 과정이나 절차는 하나도 중요하지 않게 된다.

반대로 정직이 중요한 사회가 되면 어떨까? 우선 사회 구성원은 상대방이 자신에게 거짓말을 하는지 여부를 판단하기 위하여 애쓸 필요가 없을 것이다. 다만 상대방이 자기에게 제시한 이야기를 진실로 믿고 이를 바탕으로 판단하기만 하면 된다. 만약 거짓을 통하여 부와 명예를 얻을 기회가 있다고 하더라도 이를 거절할 것이다. 그리고 거짓을 통하여 부와 명예를 얻은 것이 뒤늦게 발견되면 그에 상응하는 불이익을 가함으로써 정직하게 살아온 사회 구성원들이 불이익을 보는 일은 없을 것이다. 따라서 사회 구성원들이 정직하게 사는 것을 중요하게 여기고 나중에 진실이 밝혀졌을 때 받을 불이익이 두려워서라도 정직하게 살지 않을 수 없는 사회가 된다. 그러한 사회가 올바른 통치구조를 구비하고 있다면, 당연히 그 나라는 정상적으로 운영되는 국가, 즉 바른 나라가 될 것임은 자명하다.

정직이 바탕이 된 바른 나라에서는 그 구성원들이 잘 살기 위하여 거짓말을 할 필요가 없다. 왜냐하면 정직하게 살아도 그 나라가 갖추고 있는 정상적인 통치구조에 의하여 남들만큼 살 수 있기 때문이다. 오히려 거짓을 통하여 부와 명예를 얻었다고 하더라도 그 거짓이 발각되는 순간 거짓을 통하여 얻은 부와 명예의 박탈은 물론 그보다 더 큰 불이익을 받고 사회에서 매장당할 수 있기 때문에, 감히 거짓을 통하여 부와 명예를 얻으려고 하지 않을 것이다.

그런 나라에서는 정치 지도자들이 국민에게 거짓말을 하여 권력을 얻으려고 하지 않을 것이고, 기업은 소비자들을 기망하여 이익을 창출하지 않을 것이며, 사회 저명인사들은 거짓을 통하여 명예를 얻으려고 하지 않을 것이다. 국민들은 자신이 가진 능력에 따라 성실히 노력하여 주어진 결과를 귀하게 받아들일 것이고, 자신이 선출한 지도자의 통치에 있어 정당성에 조금도 의문을 제기하지 않을 것이며, 정당한 노력을 통하여 이득을 창출한 기업인들과 정당한 명예를 얻은 사회 저명인사들을 존경할 것이다.

이런 나라가 바른 나라가 아니라면 어떤 나라가 바른 나라이겠는가?

우리나라의
현실

그렇다면 현재 우리나라는 바른 나라라고 부를 수 있는가? 다시 말해 우리 사회는 정직한 사회라고 말할 수 있는가? 우선 고위공직자들을 임명하기 위한 청문회를 통해서 우리 사회의 정직성을 살펴보자.

우리는 과거 고도성장기에 압축성장을 통하여 어떤 수단과 방법을 동원하더라도 좋은 결과만 달성하면 최선이라는 생각에 빠져 있었다. 그렇기 때문에 부정한 수단을 동원해서 좋은 정보를 얻어 남보다 많은 부와 권력을 차지하면 그런 사람을 마치 능력이 뛰어난 것으로 치부하였다. 즉 결과지상주의가 만연하였고 이런 병폐는 어떤 수단과 방법으로든 부와 권력을 차지하면 된다는 천민자본주의를 낳고 말았다. 그런 과정에서 우리의 지도자라는 사람들은 위장전입, 부동산투기, 병역기피 등을 못하면 무능한 것으로 취급받았고 그런 불법을 통하여 부와 권력을 거머쥐면 유능한 것으로 인정받았다.

그러나 시대가 변하여 지도자에게 좀 더 엄격한 도덕적 잣대를 들이대

자, 그들은 청문회에서 거짓말로 위기를 넘기려고 시도하다가 발각되곤 하였다. 그런데 문제는 후보자의 과오가 발각된 후 중도에 탈락하면 그 과오에 대해 더 이상 책임을 추궁하지 않는 풍조가 있다는 것이다. 더 나아가 과오가 발각되었음에도 아무런 불이익 없이 그 후보자가 예정된 고위 공직에 그대로 임명된다는 것이다.

가장 선진화되어 있다는 미국이나 유럽의 국가들에서도 지도자들은 거짓말을 하고 싶어 한다. 왜냐하면 과오로 인하여 촉발된 당면한 위기를 극복하기 위하여 거짓말만한 대책이 없기 때문이다. 그래서 그들도 위기에 처하면 거짓말을 하려 하고 실제로 거짓말을 한다. 문제는 그 거짓말이 드러났을 때 어떤 불이익을 받는가이다. 이른바 정치 선진국에서는 지도자가 거짓말을 하였다가 드러나면 대부분의 경우에 정치적으로 사망선고를 받고 위법사항이 있으면 엄중한 법적 책임을 추궁 당한다.

그에 비하여 우리나라는 고위공직에 취임하려는 후보자가 청문회에서 자신의 과오와 관련된 거짓말을 하다가 거짓이 드러나 중도에 탈락하면 더 이상 그 후보자에 대한 처벌을 논하지 않는다. 더욱이 거짓이 드러나 과오가 밝혀졌음에도 유능하다는 이유로(?) 고위공직에 취임하는 후보자에 대하여는 그 과오가 실정법 위반인 경우에도 처벌하는 것을 한 번도 본 적이 없다.

결국 우리나라에서는 자신의 과오를 숨기기 위해 거짓말을 한 후 그 거짓이 드러난 경우라도 불이익이 없기 때문에 누구나 거짓말을 하고 싶은 유혹에 빠진다. 즉 밑져야 본전이라는 생각이 만연해 있기 때문에 과오가 있는 공직 후보자들이 청문회에서 자신의 과오를 시인하고 국민들에게 사죄와 양해를 구하지 않고 오히려 국민을 향하여 거짓말을 서슴지 않는 것이다. 이러니 바른 사회가 도래하겠는가.

이런 현상은 정치권만의 문제가 아니다. 경제인은 탈세, 부당한 하도급 등 온갖 부정한 수단을 동원하여 경제적 이익을 추구하고 온갖 편법을 통하여 그 부를 대물림하면서, 우리 사회가 오늘날의 경제성장을 이루는 데 공헌한 경제인을 존경하지 않는다고 푸념이나 하고 있다. 학자는 남의 글을 버젓이 자신의 글인 양 표절하고 논문을 이중삼중으로 게재하면서도 그것이 마치 관행인 양 주장하며 학자로서의 권위만 강조하고 있다. 심지어 자신의 타고난 재능만 발휘하면 되는 연예인들도 무슨 이유인지 모르겠지만 허위 학력을 내세우다가 발각된 후 잠시 자성의 모습을 보이는 듯하더니, 다시 언제 그랬냐는 듯 왕성한 활동을 하고 있다.

이렇게 사회가 거짓말을 하다가 발각되어도 그에 따른 불이익을 주지 않으니, 과오가 있는 자들이 감히 계속해서 국민을 속이기 위하여 거짓말을 하려고 드는 것이 아닌가.

사회를 정직하게
만드는 방법

 그럼 어떻게 하면 우리 사회를 바른 사회, 정직한 사회로 만들 수 있는가?

 이미 언급하였듯이 인간은 자신의 과오를 숨기기 위하여 거짓말을 하고 싶은 본능을 가지고 있다. 미국의 정치가가 우리 정치가보다 더 훌륭한 유전자를 가지고 있어 거짓말하기를 두려워하는 것은 아니다. 다만 그들과 우리는 과오를 숨기기 위한 거짓말이 발각되었을 때 받을 불이익의 유무와 정도가 다를 뿐이다.

 만약 대법관이라는 고위공직자를 임명하기 위한 인사청문회에서 후보자가 과거에 부동산투기를 위한 위장전입을 한 과오가 있었다고 하자. 우선 그 후보자는 인사청문회에 나서기 전에 검증단계에서 그 과오를 숨기기 위하여 거짓말을 했을 것이다. 후보자에게 그런 과오가 있는 것을 모르는 대통령이 그 후보자를 대법관후보로 지명하였다. 인사청문회 과정에서 그와 같은 부동산투기를 위한 위장전입이 문제가 되었고, 그 후보자는 결국 자신의 노부를 좀 더 넓은 집에 모시고 싶은 심정에서 대형 아파트를 당첨받기 위하여 위장전입을 하게 되었다고 시인하였다고 하자. 위 후보자는 어떻게 되었을까?

만약 미국에서 그런 일이 일어났다면 적어도 그 후보자는 자진해서 대법관후보에서 탈퇴하거나 대통령이 후보지명을 철회하였을 것이다. 그리고 위장전입에 대한 형사적 처벌과 함께 거짓말을 한 것에 대한 도덕적 비난을 받아 아마 거의 사회적으로 매장을 당했을 것으로 생각한다.

우리나라의 현실은 어떠한가. 실제로 그 후보자는 그 정도 과오는 그분의 과거 경력에 비추어 대법관으로서의 업무수행에 아무런 문제가 되지 않는다고 판단되어 대법관으로 임명되었다. 아마 노부를 좀 더 잘 모시기 위해 대형 아파트가 필요하여 위장 전입한 효심이 가상해서인지, 아니면 우리나라 고위공직자 중 위장전입을 안 한 사람이 거의 없어 그 정도 흠은 큰 흠이 되지 않는다고 생각하였는지 모른다. 아니 그 정도 흠보다는 그분이 가진 대법관으로서의 훌륭한 자질이 아까워 특별히 중용하였는지 모른다. 다 좋다. 어떤 이유에서 그분이 중용되었는지 모르나, 적어도 그분이 한 행위가 실정법 위반이라면 대법관 임용과 상관없이 그분에 대하여 수사한 후 그에 따른 형사적 처벌을 하였어야 옳지 않은가?

앞서 언급하였듯이 인간은 누구나 자신의 과오를 숨기고 싶고, 그렇기 때문에 거짓말을 하고 싶어 한다. 우리의 유전자가 다른 나라 국민의 유전자보다 열등하여 우리나라 지도자들이 거짓말을 더 잘하는 것은 아니다. 오로지 과오를 숨기기 위한 거짓말이 발각되었을 때 받을 불이익이 없거나 미미하기 때문에 그들은 감히 오늘도 국민들에게 거짓말을 하는 것이다. 왜냐하면 밑져야 본전이기 때문이다.

그럼 정직한 사회를 만드는 가장 좋은 방법은 무엇인가? 거짓말을 혐오하고 거짓을 통하여 부정한 이익을 취하려는 자에게 엄청난 불이익을 주는 사회풍토를 만들어야 한다. 적어도 거짓말을 하고자 하는 자가 자신의 거짓말이 발각되었을 경우에 받을 불이익을 생각하여 감히 쉽게 거짓말을 할 의욕을 가지지 못하도록 만들어야 할 것이다. 즉 거짓말에 대해 확실한 불이익을 부과함으로써 감히 거짓말을 하고자 하는 의욕 자체를 꺾어야 한다. 그래야 힘이 들어도 정직하게 살아온 사람들이 제대로 대접받는 행복한 사회, 즉 바른 사회가 되지 않겠는가.

법원개혁의
요체

필자가 법원과 관련하여 느끼는 평소 문제점은 크게 두 가지이다.

그 하나는 우수한 판사의 확보와 승진 문제이다. 현재 법원에 대하여 국민들이 가지고 있는 불만 중 가장 큰 것은 판사가 사실관계를 파악하는 능력이 부족하다는 것이다. 적어도 사실관계를 잘 알고 있는 당사자들의 입장에서 보면 판사가 실체적 진실과 먼 사실인정을 하면 그 재판에 대한 신뢰도가 떨어질 수밖에 없는 것은 당연하다.

그렇다면 어떻게 우수한 판사를 확보할 수 있는가. 이는 법조일원화와 맥을 같이하는 것인데, 변호사나 검사 중에서 좋은 평판을 받는 사람을 판사로 임용하고, 재판이 종결되면 사건관계자로 하여금 재판을 한 판사에 대하여 평가하게 한 후 그 평가 결과를 승진에 반영하는 것이다.

이와 같은 평가방법에 대하여 일각에서는 재판에서 진 당사자가 악의적으로 혹평을 할 가능성이 있다는 점을 들어 부정적인 견해를 피력하는 분이 있으나, 그와 같은 악의적인 혹평을 사전에 심사하여 걸러내면 될 것이다. 이런 평가제도가 안착하면 판사들은 인사권자가 아니라 당사자로부터 호평을 받기 위하여 충실한 심리를 할 것이 틀림없다.

또 다른 문제점은 대형 법무법인이 판결에 미치는 영향력의 배제 문제이다. 확실한 증거는 없지만 대형 법무법인이 선임된 사건에 대하여 일부 재판부가 눈치를 보는 것이 아닌가 하는 의심이 든다. 이 문제를 해결하기 위해서는 대형 법무법인이 선임된 사건을 심리한 판사들은 전관 후 일정 기간 그 대형 법무법인에 취업할 수 없게 하는 것이다. 그러한 제도가 정착된다면 자신이 전관 후 취업하지도 못하는 대형 법무법인에게 우호적인 재판 진행이나 판결을 할 필요성을 느끼지 못할 것이다.

'부러진 화살'의
잔영

얼마 전 극장가에서 '부러진 화살'이란 영화가 화제가 되었다. 사법부의 해명에도 불구하고 상당수의 국민들은 '부러진 화살'의 내용이 사실인 것을 전제로 잘못된 사법시스템에 대하여 질타를 가하였다. 여기에 SNS를 통하여 정부에 비판적인 글을 올린 판사의 재임용과 관련하여, 사법부가 정당한 문제를 제기하는 반정부적인 구성원에게 부당한 권력을 행사한다고 매도하였다. 사법부의 한 구성원으로 청춘을 보낸 필자로서 이와 같은 사태를 보면서 안타까운 심정을 토로하지 않을 수 없다. 왜 이런 지경까지 왔을까?

필자는 '부러진 화살'의 흥행 동인은 그 영화가 '도가니'처럼 사실에 기초한 영화이기 때문이 아니라 현재의 사법시스템을 믿을 수 없다는 국민들의 막연한 의심 때문이 아닌가 생각한다.

대개 재판을 받은 사람들은 사법시스템에 대하여 두 가지로 평가한다. 하나는 사건에서 승소한 사람들로, 그들은 사법정의가 이루어졌다고 생각한다. 다른 하나는 사건에서 패소한 사람들로, 그들은 재판이 엉터리라고 질타한다. 그러나 적어도 객관적인 기준으로 볼 때 재판은 객관적인 사실과 부합하는 재판과 그렇지 않은 재판으로 나누는 것이 옳다. 물론 인정된 사실에 엉뚱한 법리를 적용하여 이상한 결과를 내는 재판도 있지만, 대부분의 재판의 경우에 재판이 잘되었는지 여부는 사실인정이 실제 사실과 부합하는지 여부에 달려 있다고 보아도 지나치지 않을 것이다.

문제는 판사가 인정한 사실이 실제의 사실과 일치하는지의 여부를 검증할 수 있는 객관적 장치가 존재하지 않는다는 것이다. 인간의 간사한 마음을 읽을 수 있는 기계가 존재한다면 얼마나 많은 판사들이 오판의 함정으로부터 벗어날 수 있을까?

그러나 완벽하지는 않지만 판결이 실제 일어난 사실관계에 부합되었는지 여부를 알 수 있는 창구는 있다. 바로 당사자들이다. 당사자들은 어떤 역사적 사실이 일어났는지 알 수 있는 지위에 있다. 다만 그 알고 있는 사실을 정확하게 판사에게 전달하려고 노력하려는 자가 있는가 하면, 그 반대로 엉터리 사실을 알리려고 노력하는 자가 존재하기 때문에 혼란스럽지만 말이다.

필자는 생각한다. 적어도 사실인정에서 좀 더 객관적인 사실에 부합하는 판결을 할 수만 있다면 판결을 둘러싼 불신의 상당수는 없어질 것이다.

문제는 어떻게 객관적 사실에 부합하는 재판을 이끌어낼 수 있는가 하는 것이다. 당사자들의 개과천선을 바랄 수 없는 한 결국 재판을 하는 쪽에서 제도적 장치를 만들 수밖에 없지 않나 생각한다.

판사 및 변호사로서 개인적인 경험에 따르면 사실관계를 잘 파악하는 판사가 분명히 존재한다. 문제는 그런 판사들이 올바른 평가를 받아 고위직에 오르면서 국민으로부터 대접을 받고 있는가이다. 특히 판사의 업무 평가를 기관장 등 상급자가 하는 현재의 상황에서는 실제로 판결을 잘하는 판사인지 여부가 추상적으로 평가될 수 있다. 오히려 재판을 받은 당사자들로 하여금 사건이 종결된 후 자신을 판단한 판사에 대한 평가를 하도록 하는 것이 그 판사의 업무능력을 평가함에 있어서는 더 정확한 것이 아닌가 생각한다.

이에 대하여 사법부는 패소한 당사자의 담당판사에 대한 악의적인 폄하를 우려하고 있는 것 같다. 그러나 구체적인 지적 없이 추상적으로 악의적인 평가를 내리는 당사자들의 의견은 배제하면 될 것이다. 적어도 당사자가 조목조목 따지면서 사실관계 인정의 적정성에 관하여 잘못된 점을 지적하고 평가를 한다면, 그 지적과 평가는 판사들이 경청해야 하고 이를 근거로 그 판사의 재판수행능력을 평가해야 하지 않는가 생각한다. 그래야만 이 판사들은 당사자들이 재판부에 바라는 바를 살펴보고 신중히 판단함으로써 올바른 재판을 할 수 있고 사법에 대한 신뢰를 쌓을 수 있을 것이다.

그런 날이 오면 우리나라 영화도 미국 영화처럼 법정에서 실체적 진실이 밝혀지면서 사회적 약자가 강자에 승리하는 장면이 나와 흥행을 기록하게 될 것이다.

사형제도의
사형

　최근 성폭력범죄에 대한 사법부의 형량을 두고 일반국민들이 분노하고 있다. 한마디로 범인의 범한 죄에 비하여 형이 너무 무르다는 것이다. 이전부터 매스컴을 통하여 어린아이를 유괴하여 몸값을 요구하다가 범행이 드러날 것을 염려하여 잔인하게 살해하였다거나 여성들을 납치하여 성폭행한 후 살해하였다는 뉴스를 접할 때마다 국민들은 사법부의 솜방망이 처벌이 범죄를 부추긴다고 생각하고 있다.

　형사정책적으로 형벌의 위하성威嚇性보다는 교정성敎正性을 중시하는 것이 근대형벌론의 이론이지만, 역사적으로 보면 형벌의 본질은 탈리오의 법칙으로 대변되는 복수일 것이다. 인면수심人面獸心의 인간에게 인권을 논하는 것은 이성적으로는 납득이 가나 감정적으로는 힘든 것이 솔직한 심정이 아닌가 생각한다. 어떤 면에서 동물들은 적어도 최소한의 생존에 필요한 욕구를 충족하는 것 이외에 자신과 같은 종의 동물을 죽이는 일은 없다는 점을 생각하면, 인간이기를 포기한 범인에게는 '짐승만도 못하다'는 표현을 쓰는 것이 더 적합할지 모르겠다.

그런데 재판을 통하여 짐승만도 못한 인간에게 사형을 선고하지 않았다는 이유로 종종 피해자 유족들이 법원 앞에서 시위하거나 뉴스에서 일반 시민이 판결의 부당성을 성토하는 모습을 볼 수 있다. 그러나 그런 소박한 국민들의 감정과 달리, 사형은 인간으로부터 생명을 빼앗는 가장 무거운 형벌인 까닭에 문명화된 사회에서 형벌의 본질과 기능 등을 논거로 그 존폐에 관하여 폐지론자와 존치론자 사이에 격렬한 논쟁이 있어 왔고 당분간 그 논쟁은 끝날 것 같지 않다.

죄를 범하여 사회적 질서를 교란한 자에 대하여 사적인 보복을 금하고 국가가 피해자를 대신하여 이성적으로 응징함으로써 사회적 질서를 유지하는 기능을 가진다는 형벌권의 본질에 응보應報라는 감정이 내재되어 있는 점은 부인할 수 없을 것이다. 따라서 잔인하게 무고한 생명을 빼앗아간 범인에 대하여 그 응보로서 생명을 빼앗는 형벌을 가하는 것이 정의라고 생각하는 피해자 유족들의 주장은 사형제도 폐지론자들의 여러 가지 이성적인 논거에도 불구하고 사람들의 마음을 끄는 호소력이 있다. 더욱이 범인이 앗아간 생명이 여러 명에 이르는 경우에는 그 범인을 사형에 처하여야 한다는 사회적인 공감마저 형성되기도 한다.

그렇다면 그런 범인을 재판하는 판사들은 피해자 유족들이나 시민들이 가지고 있는 소박한 정의감이 없거나 사형폐지론자들이 주장하는 논거에 동조하는 것이 이성적인 문명인이 취해야 할 태도라고 확신하기 때문에 그런 범인들에게 사형을 선고하지 않는 것인가.

필자는 여기서 사형제도의 존폐론이나 판사들이 가지고 있는 정의감에 관하여 시시비비를 따질 생각은 추호도 없다. 다만 10여년 전부터 인권을 강조하는 세계적 조류에 편승하여 법무부장관이 판결에 의하여 확정된 사형의 집행이라는 고유의 직무를 수행하지 않아 교도당국이 사형수의 관리에 어려움을 겪고 있다는 이야기가 들린다. 혹시 판사들 중에 어차피 사형선고를 해봐야 결국 집행도 되지 않을 것이라는 생각에 사형을 선고하여야 할 범인에 대하여 현실적인 법집행을 감안하여 사형의 선고를 회피하는 것은 아닌가 하는 우려가 든다.

만약 필자의 우려가 상당한 근거를 가지고 있다면 이는 국가운영체계에 있어서 상당한 문제점을 노출하는 것이 아닌가 생각한다. 즉 사법적인 판단이 집행기관의 집행거부로 인하여 왜곡되고 있다는 것이다. 이는 어떤 면에서 사법부의 판단에 대하여 집행부는 이를 충실히 집행하여야 한다는 삼권분립이라는 국가의 근본체계를 부인하는 셈이다. 차라리 인권보호를 명목으로 사형의 집행을 하지 않겠다면 공론화를 통하여 사형제도를 폐지하거나 감형을 통하여 사형을 면제하는 것이 헌법이 예정하고 있는 국가

권력 행사의 정도이고 법치주의에도 부합하는 것이 아닌가.

사형 집행이 현실적으로 불가능할 것이라는 이유로 자신이 마땅히 행사해야 할 권한을 행사하지 않는 판사들은 없을 것이라고 생각하면서도, 혹시나 하는 생각에 기우 같은 생각을 적어보았다.

새 정부 출범에
즈음한 제안

이번 대선에서 보수세력이 승리할 수 있었던 것에는 여러 가지 요인이 있을 수 있으나, 한 가지 분명한 것은 보수세력이 도덕적으로 진보세력보다 우월하다고 평가되었기 때문은 아닌 것이 틀림없다. 오히려 보수세력은 과거 산업화과정에서 천민자본주의의 특징인 결과지상주의에 빠져 과정의 적법성을 소홀히 하는 바람에 진보세력으로부터 도덕적인 흠결을 넘어 부정부패한 세력이라는 비난을 받아왔다. 그러니 앞으로도 보수세력이 국민들로부터 지지를 받고 건전한 보수세력으로 환골탈퇴하기 위해서 가장 시급히 해결해야 할 과제 중의 하나가 도덕성 회복과 부정부패 척결이 아닌가 생각한다.

그런 의미에서 지난 5년간 국민의 뇌리에서 떠나지 않고 있는 BBK사건 등 정치적 사건을 이번 기회에 철저히 조사할 필요가 있다고 생각한다. 지난 대선부터 의혹이 제기된 BBK사건 등 정치적인 사건의 실체적 진실을 철저히 파헤치고 그 사건의 처리에 혹시 부적절한 측면이 있었다면 엄중한 책임추궁을 해야 할 것이다. 특히 이번 대선은 민주화 이후 현직 대통령이 집권당을 탈당하지 않은 상태에서 대선을 치러 형식적으로는 전 집권세력이 정권을 연장하였다고 평가되기 때문에, 위 사건을 새로이 출범하는 정부에서 철저히 조사한다고 하여 정치보복이라는 비난을 받을 가능성은 거의 없다고 본다.

위 사건의 수사를 통하여 실체적 진실을 밝히고 그 처리과정에서 수사기관이 정치적인 고려를 하여 부당한 결과를 도출하였다면, 그 과정에 개입한 정치검찰의 실체를 밝혀 처벌함으로써 보수세력의 도덕성 고양과 아울러 정치검찰의 척결이라는 일거양득의 성과를 올릴 수 있을 것이다. 더불어 국민을 속일 수 있다고 믿는 정치세력들에게 국민적 의혹이 있는 사건은 언젠가 그 실체적 진실이 밝혀지고 그에 대한 책임추궁이 반드시 따른다는 역사적 교훈을 줄 수도 있을 것이다.

이와 함께 이번 대선에서도 횡행한 허위사실유포에 따른 선거법 위반에 대하여 국민적 대통합을 빙자한 관용을 보여서는 안 될 것이다. 민주주의의 꽃이라는 선거를 통해 민의를 왜곡하려는 부정한 세력에 대하여 끝까지 발본색원하여 다시는 그런 불순한 의도를 갖지 못하게 하겠다는 결연한 의지를 보일 필요가 있다. 그 연장선에서 지난 대선 당시 한나라당 대통령후보 경선과정에서 여론조사가 왜곡되었다는 의혹에 대하여도 철저한 조사와 처벌이 필요하다고 본다. 과거에 대한 회고적 보복이 아닌 미래에 대한 교훈적 경계로서의 수사가 필요하다.

그리고 이번 집권세력의 부정부패 척결에 대한 단호한 의지의 징표로서 감사원장을 반대당에서 추천하는 인물로 임명할 것을 제안하고 싶다. 우선 감사원은 헌법에 규정된 사정기관으로서 그 책임자를 반대당의 추천인물로 임명한다는 것 자체가 가지고 있는 상징성이 크다. 즉 집권세력이 저지른 부정부패에 대하여 더 이상의 은폐나 관용은 없다는 것을 대외적으로 선언하는 것이기 때문이다.

한편 감사원은 그 기관의 성격 자체가 감사위원회라는 의결기구에 의한 의결로 권한이 행사되기 때문에, 감사원장이 집권당의 반대세력에 의한 천거로 임명되었다고 하여 독단적으로 권한을 행사할 수 없으므로 대통령의 국정수행에 부정적 영향을 미칠 부작용도 거의 없다고 본다.

더불어 반대당에서도 감사원장이 가지는 상징적 의미를 알고 있기 때문에 당리당략적인 인물보다는 국민 모두로부터 인정받을 수 있는 적합한 인사를 추천할 것이 틀림없을 것이고, 국정의 중요한 한 축을 책임지고 있다는 생각에 반대만을 위한 반대라는 구태의연한 모습을 보이지 않을 것이라고 생각한다.

여자 일반지원병
제도를 신설합시다

　최근 천안함 폭침사건과 연평도 포격사건이 일어난 후 안보의 중요성이 부각되면서 의무병義務兵으로 군에 입대하여 신성한 국방의무를 수행하고 있는 의무병 병사들의 공무원 채용 시 가산점제도의 부활이 다시 논의되고 있다. 국방부에서는 조만간 헌법재판소의 결정에 의하여 폐지된 군 가산점제도를 다소 수정하여 다시 부활시키려 하고 있다.

　이런 움직임에 대하여 여성계와 장애우단체에서는 입법도 되기 전에 벌써부터 위 가산점부활법률이 헌법의 평등조항에 위배된 위헌법률이라고 주장하고 있다.

　그러나 남자들 특히 일반병으로 의무복무를 한 사람들은 실제로 남녀평등을 외치면서 남녀의 벽을 허물고 복무하는 여성 직업군인들이 현실적으로 다수 존재함에도 불구하고, 여성은 여러 가지 이유로 군인으로 복무하는 것이 맞지 않기 때문에 남성만을 일반병으로 징집하는 제도가 위헌이 아니라는 헌법재판소의 결정에 분노를 보이고 있다. 또한 공무원으로 임용되면 국가를 위하여 결혼하고 출산도 많이 할 듯한 태도를 취하다가도 막상 임용이 된 후에는 늦은 나이까지 결혼과 출산을 미루고 인생을 즐기는 일부 젊은 여성들에 대하여도 곱지 않은 시선을 보내고 있다.

제대로 된 국가라면 국민의 생명과 재산을 지키기 위하여 목숨을 걸고 국방의무를 부담하는 이 땅의 젊은 청년들을 배려하여 공무원 채용 시 적정한 범위 내에서 가산점을 부여하는 것이 왜 그렇게 논란의 대상이 되겠는가. 게다가 그 젊은이들이 가장 두뇌가 활발하게 작동되고 패기와 열정이 왕성한 꽃다운 나이에 사회로부터 본인의 의지와 상관없이 격리되어 희생을 하고 있다는 점에서 보면 더욱 그렇다.

그러나 어떤 정책이든 시행을 함으로써 상대적으로 불이익을 받게 되는 집단이 있다면 이 또한 고려해야 하는 것이 제대로 된 국가가 아닌가.

우선 여성단체에서 반대하는 논거를 보면, 여성은 출산의 고통과 양육이라는 희생을 운명적으로 타고났기 때문에 남성에게만 가산점을 주는 것은 잘못되었다고 주장한다. 그렇다. 만약 여성이 우리의 미래 인적자원을 출산하고 양육하는 것이 개인의 문제를 떠나 사회적인 희생으로 평가된다면, 출산한 여성에 대하여도 일정한 범위 내에서 공무원 채용 시 가산점을 주는 것이 마땅하지 않은가. 한편 장애우에 대하여는 이미 어느 정도 공무원 채용 시 혜택을 주고 있는 것으로 알고 있기 때문에, 만약 의무병 병사에 대한 가산점 부활로 상대적으로 불이익을 본다면 다시 그 제도를 보완하면 될 것이다.

여기에 더하여 필자는 여성들에게도 단기간이라도 일반병으로 지원하여 복무할 수 있는 기회를 제공하고 전역하면 남성 의무병 병사와 같은 조건으로 공무원 채용 시 가산점을 부여하는 제도를 도입하는 것이 어떨까 생각한다.

이와 같은 제도가 도입된다면 여러 가지 이점이 있을 것이다. 우선 남성 의무병 병사에 대한 가산점이 불러올 수 있는 여성과의 차별에 따른 불평등 주장이 많이 완화될 수 있다고 본다. 또한 지금까지 관념적으로 국방은 남성이나 소수의 여성 직업군인의 문제일 뿐이라는 젊은 여성들의 안보관에 변화를 줄 수도 있다고 생각한다. 더욱이 유사시를 대비한 훈련을 가장 체계적으로 받은 젊은이들을 공무원으로 임용함으로써 유사시 보다 체계적이고 효율적인 행정업무의 제공이 가능하지 않을까 생각한다.

역사를
가르치지 않은 죄

이번 대선의 결과를 두고 '50대의 배반'이라고 생각하는 세대가 있다. 그들은 50대 이상의 세대를 과거 프랑스 대혁명 전의 구체제와 같다고 보고 있는 듯하다. 그래서 어느 젊은이는 대선 전에 '레미제라블'이라는 영화가 상영되지 않은 것을 안타깝게 생각하는 글을 인터넷상에 올리고 있다. 더 나아가 65세 이상의 노인들에 대한 지하철 무료탑승정책의 철회를 요구하는 젊은이들도 있다. 한마디로 과거 독재세력에 길들여져 있던 노인들이 이번 대선에서 반민주적이고 낡은 투표행태를 보였기 때문에 앞으로 그들에 대한 배려를 할 필요가 없다는 것으로 들린다.

앞으로 이 나라에서 더 살아야 할 젊은이들이니 그들의 주장을 무시할 수는 없을 것이나, 낡은 세대의 한사람으로 분류되는 필자로서는 나름대로 변명을 할 필요는 있다고 생각한다.

우리 역사상 50대는 학창시절 권위적인 유신독재 아래에서 경이적인 경제성장을 보면서 자랐고 대학시절과 30대에는 군사정권에 반대하는 민주화운동을 직접 경험했던 세대이다. 그들은 적어도 그들의 부모님이 절대 빈곤을 벗어나 가족들을 부양하기 위하여 독재정권 아래에서 순응하면서 경제성장에 모든 것을 희생하였다는 점을 아는 세대이다. 이후 부모님의 희생으로 얻은 경제적 안정을 발판으로 인권회복을 위한 민주화라는 대장정을 몸소 겪으면서 이 나라를 이룩한 세대이기도 하다. 인류역사상 유례가 없는 경제성장과 민주화과정을 동시대에 직접 경험한 유일한 세대인 것이다.

따라서 그들은 대한민국의 과거를 알기 때문에 대한민국이 이만큼 성장하여 전 세계적으로 인정받는 데에 과거 세대가 얼마나 많은 희생을 치렀는지 아는 세대요, 더 나은 세상을 만들기 위하여 미래 세대에게 더 좋은 대한민국을 만들어주어야 한다는 것을 자각하고 있는 세대이기도 하다.

그렇기 때문에 이번 대선과정에서 50대들은 보다 나은 대한민국을 위하여 과거청산을 부르짖으며 잘못된 행태를 보였던 국민을 나무라는 후보보다는 비난받을 국민도 아울러 함께 가자는 주장을 한 후보에게 마음을 준 것 같다. 물론 50대들의 마음속에는 국민대화합을 주장하는 후보에게 기회를 주되 그 주장이 구두선에 머무르는 경우에는 과감하게 철퇴를 가할 마음의 준비가 되어 있을 것이라고 생각한다. 그러니 젊은이들이 생각하는 것처럼 50대들이 낡지는 않았다고 보아도 좋다.

문제는 50대가 갖고 있는 대한민국의 과거와 현재 그리고 미래에 대한 인식이 왜 젊은이들과 공유되지 못하고 단절되어 있는가에 대한 반성과 고찰 그리고 치유방안일 것이다. 앞으로 이 나라를 이끌어나갈 젊은 세대가 기성세대에 대하여 극명한 혐오감을 가지고 있다면 그 미래는 암울할 것이 뻔하다. 그래서 필자는 그 치유책의 시작으로 우리의 젊은 세대에게 역사를 가르치도록 제안한다.

영광만 있는 역사를 가진 나라가 없듯이 오욕만 있는 역사를 가진 나라도 없다. 적어도 대한민국같이 한 세대에 경제발전과 민주화를 이룬 나라는 부끄러워할 과거보다는 자랑스러운 과거가 더 많을 것이다.

기성세대가 알고 있는 대한민국의 과거에 대한 인식이 무엇이고 그 인식이 옳은지, 그르다면 무엇이 그르고 보다 나은 대한민국을 위하여 어떻게 시정할 것인지 함께 생각하기 위해서라도 우리는 젊은 세대에게 이념을 떠나 객관적인 사실에 입각한 역사교육을 시켜야 할 것이다. 그래야만 각 세대 간에 반목과 질시가 아닌 상호이해를 통한 대화합이 이루어질 것이고, 이를 바탕으로 주변국의 역사왜곡을 통한 영토야욕을 이겨내고 민족의 통일과 자존 그리고 번영을 기약할 수 있을 것이기 때문이다.

올바른 권위
회복의 필요성

지난 80~90년대에 학창시절을 보낸 세대들의 입장에서 보면 세상이 많이 변했다고 생각할 것이다. 특히 영화 '말죽거리 잔혹사'에서 보는 바와 같이 학창시절에 이유 없이 선생님으로부터 '사랑의 매'라는 미명 아래 폭행을 당하고도 반항 한 번 못했던 경험이 있는 세대들로서는 현재 학교 현장에서 학생이 선생님의 폭력행사에 대하여 반발하는 것을 넘어 형사고소에 이르는 세태를 보면서 일종의 자기정체성의 혼동까지 느끼는 것은 아닌가 생각한다.

단지 학교 현장만 그렇겠는가. 술, 담배를 하면서도 어른 앞에서는 조심하던 경험이 있는 세대들로서는 아버지뻘 되는 사람들 앞에서 버젓이 술, 담배를 하고 이를 훈계하는 사람에게 오히려 시비를 거는 청소년들을 보면서 무언가 세상이 잘못되어가고 있다고 느낄 것이다.

옛날에는 옳던 그르던 권위에 의하여 사회질서가 유지되는 면이 있었다. 과거 군사정권으로 대변되는 권위주의 시대에 제도적으로 강요된 권위에 길들여져 있던 세대들이 민주화운동을 통하여 구악인 권위주의를 타파하는 데 성공하였지만, 그 과정에서 세상을 지탱하는 데 꼭 필요한 올바른 권위도 함께 잃어버린 것이 아닌가 하는 두려움이 든다.

지금 우리는 대학입시제도에서 시험을 통한 모집 이외에 입학사정관에 의한 입학제도를 비롯하여, 수십 년간 국가공무원의 채용에 근간이던 고시제도를 보완하는 특별임용제도를 도입하고 있다. 곧 사법시험은 사라지고 법학전문대학원을 수료한 사람들 중에서 판사와 검사를 임용한다.

그런데 이렇게 새로 도입되는 제도들의 특징을 살펴보면, 점수 등 객관적인 자료에 의한 선발이 아니라 면접이나 인성검사 등 비수치화된 주관적인 자료에 의한 선발을 예정하고 있다. 이는 선발주체의 공정성에 대한 신뢰를 바탕으로 하고 있다. 즉 선발주체의 구성원 선발에 대한 권위를 인정할 때에만 유지될 수 있는 제도를 도입하는 것이다.

현재와 같이 사법시험과 사법연수원에서의 시험성적을 바탕으로 서열화하여 일정 점수 이상의 사람들을 판사와 검사로 임용하는 제도를 유지하면 적어도 선발과정의 공정성에 대한 비판은 면할 수 있을 것이다. 그러나 점수화된 서열로 판사와 검사를 임용하는 현행제도로는 국민들이 원하는 인성을 갖춘 판사와 검사를 선발할 수 없다는 이유에서 시험성적 이외에 다른 기준으로 판사와 검사를 임용하는 경우, 과연 선발과정에서 공정성을 어떻게 담보할 수 있을까. 만약 새로운 임용방법에 의하여 임용된 판사와 검사가 고관대작이나 대기업 임원들의 자녀라면 우리는 그 임용이 공정하다고 인정할 수 있을 것인가.

결국 우리는 지금 실질적으로는 주관적인 평가에 의존할 수밖에 없는 제도를 도입하면서도 그 제도의 결과에 대한 공정성을 요구하고 있다. 이런 상호 양립이 불가능할 것 같은 제도의 성공을 위해서는 결국 사회가 가진 올바른 권위의 힘에 의존할 수밖에 없다고 생각한다. 그렇다면 사회를 지탱하는 힘이 될 올바른 권위를 회복하기 위해서는 지금 여기서 우리는 무엇을 해야 할 것인가.

그 대답을 얻기 이전에 과연 권위는 어디서부터 나오는가를 생각해보아야 할 것이다. 필자의 생각으로는 권위란 그 직책이 가진 고유의 목적을 성실하게 수행하는 데에서 나오는 것이 아닌가 생각한다. 판사는 올바른 재판을 하고, 검사는 올바른 수사와 기소를 하며, 정치인은 국민을 위한 올바른 정치를 한다면 당연히 판사, 검사나 정치인에게 권위가 생길 것이다.

그렇다면 결국 우리는 판사다운 판사나 검사다운 검사가 임용되어 중용되도록 끊임없이 감시하고, 평가하고, 비판하고, 격려해야 할 것이다. 국민을 위한 정치를 하지 않는 정치인, 거짓말하는 정치인, 비도덕적인 정치인을 도태시키고, 진정으로 국민을 위하여 헌신할 수 있는 사람을 정치인으로 뽑고, 감시하고, 비판하고, 격려해야 한다. 그래야만 올바른 권위가 서서 세상이 조화롭게 돌아갈 것이다.

인사청문회제도를
개선하자

　고위공무원에 대한 인사청문회제도가 도입된 이후 개각 시마다 늘 끊이지 않고 집권자와 국민을 괴롭히는 것이 있다. 바로 후보자들의 자격 적합성을 판별할 수 있는 유용한 인사청문회제도가 갖추어지지 않아 쓸데없는 곳에 국력이 낭비되고 결국 국민들을 필요 이상으로 분노하게 만든다는 것이다.

　필자는 공직자가 윤리적으로 큰 흠이 없어야 한다고 생각하지만, 그렇다고 성직자에게 요구되는 것처럼 지고지순할 필요까지는 없다고 생각한다. 어떤 경우에는 후보자에게 과거에 큰 흠이 있음에도 이를 상쇄할 만한 능력이 있어 현재와 미래를 위하여 그를 고위공직에 임명하여 국민을 위하여 봉사하도록 할 필요도 있을 것이다. 그러나 공직자, 특히 고위공직자가 어떤 자격을 갖추어야 하는가에 대한 최종 판단자는 역시 국민이라고 할 것이므로, 적어도 인사청문회는 국민이 관심을 가지고 알고자 하는 후보자의 과거 중요 경력에 대하여 정확하게 밝히고 검증할 수 있는 제도적 장치를 갖추어야 할 것이다.

그런데 역시 문제는 과거 자신의 부끄러운 경력을 숨기고자 하는 후보자들의 인간적인 본능이다. 과거의 큰 흠이 있는 후보자는 그 흠을 숨기기 위하여 본능적으로 거짓말을 하려고 할 것이다. 따라서 유용한 인사청문회제도가 되려면 본능적으로 자신의 큰 흠을 숨기려고 애쓰는 후보자로 하여금 거짓말을 할 수 없게 만드는 제도적 장치를 갖추어야 한다.

지금까지 시행되어 온 인사청문회를 되돌아보면 자신의 큰 흠을 숨기려는 후보자의 거짓을 밝히는 데 청문회의 최종목적이 있는 것처럼 모든 노력이 경주되는 바람에, 숨기고자 노력한 흠이 발각되는 순간 다른 능력은 평가받지도 못한 상태에서 그 후보자는 도덕적 파탄자로 지탄을 받으면서 낙마하게 되는 경우를 자주 본다. 그리고 국민들은 그 후보자를 천거한 임명권자까지 싸잡아 비난한다. 임명권자가 그런 큰 흠을 알면서 천거하였다면 그 비난은 정당하지만, 후보자의 거짓말로 인하여 몰랐다면 그 역시 피해자가 아닌가.

그렇다고 낙마한 후보자의 큰 흠을 사정기관이 따로 조사하여 처벌하였다는 이야기는 들어본 적이 없다. 그러니 고위공직에 오르기 위하여 자신의 큰 흠을 거짓으로 감추려고 시도하다가 발각되면 후보자의 자리를 사퇴하는 '밑져야 본전' 식의 후보자 태도에 대해 분노하는 국민의 심정을 충분히 이해할 수 있을 것 같다.

그렇다. 현재의 인사청문회는 후보자가 거짓으로 자신의 과거 중요 경력을 숨기는 경우에 대한 제재수단이 너무 부족하다. 그래서 필자는 감히 제안한다. 현재 인사청문회에 임하고자 하는 후보자는 임명권자에게 과거 중요 경력에 대한 설문사항에 답하여 제출하는 것으로 안다. 그런데 더 나아가 위 설문사항에 대하여 진실만을 말하고 만약 거짓이 밝혀지는 경우에는 형사적 처벌을 받겠다는 선서를 의무화한 후, 실정법상으로 선서한 후보자가 자신의 과거 중요 경력에 대한 설문사항에 거짓으로 답한 것이 밝혀지는 경우에는 형사적 제재를 받도록 입법화하자는 것이다.

만약 위와 같은 입법이 이루어진다면 적어도 후보자의 과거 중요 경력의 진위를 밝히기 위하여 귀중한 인사청문회의 인적·물적 자원을 낭비하지 않아도 되고 후보자의 전문성 등 보다 본질적인 문제에 집중할 수 있게 될 것이다. 그리고 무엇보다도 감히 국민을 속여 고위공직자가 되려고 시도하는 후보자의 기도를 막을 수 있을 뿐만 아니라 이를 시도하는 후보자가 있다고 하더라도 발각되는 경우에 거짓의 대가를 치르게 함으로써 정의가 살아 있음을 보여줄 수 있을 것이다.

자기소개서 대필의
범죄성

대학 수시모집이 시작되면서 자기소개서의 대필이 사회문제가 되고 있다. 언론의 보도에 따르면 과거 일부 학생 사이에서 행하여지던 자기소개서의 대필이 만연화되어 일선 고교 교사 사이에는 자기소개소 무용론까지 대두되고 있다고 한다.

각 대학에서 수시모집에 응시하는 학생들에게 담임선생의 추천서와 함께 자기소개서를 작성하여 제출하도록 요구하는 이유가 있을 것이다. 응시생으로 하여금 자기 스스로 성장과정과 장래의 희망이나 계획, 특정 대학 특정 학과에 응시하는 이유 등을 작성하여 제출하게 함으로써 그 학생이 그 대학에서 요구하는 자질과 능력을 갖추었는지 알아보기 위함일 것이다. 이와 같은 자기소개서의 필요성에 비추어보면, 그 전제가 당연히 자기소개서는 응시생 본인이 스스로 작성하여야 한다는 것이다. 그런데 세상은 그렇게 순진하지 않은가보다.

지금 우리는 대학입시제도에서 시험을 통한 모집 이외에 입학사정관에 의한 입학제도를 대폭 도입하고 있다. 이렇게 새로 도입되는 제도의 특징을 살펴보면, 시험점수 등 객관적인 자료에 의한 선발이 아니라 응시생이 작성하여 제출하는 자기소개서 등의 서류심사, 면접이나 인성검사 등 비수치화된 주관적인 자료에 의한 선발을 예정하고 있다. 이는 선발주체의 공정성에 대한 신뢰 못지않게 응시생의 정직성을 바탕으로 하고 있다. 즉 선발주체의 구성원 선발에 대한 권위성과 선발대상의 제출서류에 대한 진정성을 보장할 수 있을 경우에만 유지될 수 있는 제도이다.

그렇다면 무엇보다도 현행 대학선발제도의 성공적인 정착을 위해서는 선발주체의 권위성 확보와 함께 응시생들이 제출하는 서류의 진정성을 확보할 수 있는 제도적 장치가 필요하다. 물론 그 제도적 장치 이전에 정직이라는 인성을 함양하는 도덕적 노력과 아울러 대필한 자기소개서의 범죄성에 대한 자각도 필요할 것이다.

대학이 응시생에게 자기소개서를 요구하는 전제로 당연히 자기소개서의 직접 작성을 예상하고 있다면 대필한 자기소개서는 결국 위계(僞計)에 해당한다 할 것이다. 이러한 위계에 의하여 국공립대학교의 신입생 수시모집이라는 공무를 방해하는 경우에는 형법 제137조에 규정된 '위계에 의한 공무집행방해'죄가 될 것이고, 사립대학교의 신입생 수시모집이라는 업무를 방해하는 경우에는 형법 제314조 제1항에 규정된 '업무방해'죄에 해당

할 것이다. 대필한 자기소개서는 대학입시에서 부정행위와 같은 정도의
위법성이 있음을 자각해야 한다.

전관예우
유감

　5년여 전 민사부장판사에서 변호사로 개업한 필자는 눈치 없이 선배 및 동기 형사부장판사와 함께 개업한 어리석음(?) 때문에 개업 초기 사건수임에 어려움을 겪었다. 형사사건을 상담하러 온 의뢰인들은 필자가 민사부장판사를 역임하다 전관한 사실을 알고는 형사사건에 있어서 더 유능하다고 판단되는 형사부장판사 출신 변호사에게 사건을 선임시켰다. 자연스럽게 필자는 그 변호사들이 맡기를 싫어하는 사건을 맡아서 선임한 기억이 난다. 덕분에 수임료가 상대적으로 적은 억울한 사람들의 사건을 선임하여 본의 아니게 괜찮은 변호사로 평판을 받았으니, 이를 전화위복이라고 말할 수 있을까?

　어떻든 일반국민들이 변호사를 선임할 필요가 있을 때 전관을 찾는 현상을 보면 그 배경에 우리의 사법제도가 공정하게 운영되지 않고 있고 전관출신 변호사를 선임하면 적어도 손해를 보지는 않을 것이라는 국민들의 인식이 깔려 있는 것 같다. 그 인식이 그르지 않다면 전관예우는 단지 전관으로 하여금 남보다 돈을 더 쉽게 벌 수 있도록 한다는 점보다는 재판의 결과가 바뀌어 사법정의를 왜곡시킬 우려가 있다는 점에서 반드시 시정되어야 할 악습임에 틀림이 없다.

전관예우의 본질이 우리나라 사회에서 과거 함께 근무하였다는 인간적인 인연 때문에 전관을 예우하는 것이라면 시정하는 방법은 전관을 만들지 않거나 아니면 예우를 하지 못하게 하는 것이다. 그 중 전관예우 방지를 위하여 전관으로 하여금 일정 기간 동안 일정 관할사건의 수임을 하지 못하도록 하는 것을 골자로 한 개정변호사법은 후자의 방법을 택한 것으로 많은 국민들이 찬성의 뜻을 표하고 있다. 그러나 필자는 과연 위 제도가 전관예우에 의한 사법정의 왜곡을 시정할 수 있는 최선의 방책인지에 대해 다소 의문을 가지고 있다.

우선 다른 사람들과 마찬가지로 세속적인 경제생활을 영위해야 하는 판검사들도 아이들이 크면 조금 더 큰 집에서 안락한 생활을 누리고자 하는 욕망이 생긴다. 이런 욕망이 생길 때 부모님으로부터 물려받은 재산이 있으면 모를까, 그렇지 못한 대다수의 판검사들은 천직으로 여기던 공직을 버리고 경제적 풍요를 위하여 개업을 생각한다. 그런데 개정변호사법에 의하면 자신이 근무하던 법원이나 검찰청에서 모든 유형의 사건을 일정 기간 거의 수임하지 못하도록 되어 있다. 이럴 경우 개업을 생각하던 판검사가 선택할 수 있는 길은 둘, 아니 셋 중 하나일 것이다.

우선 개업을 포기하고 정년퇴직 시까지 남은 기간 판검사로 복무하면서 퇴직 후 연금에 의존하여 사는 것이다. 그런데 생활고로 개업하려다 뜻을 이루지 못한 판검사가 어쩔 수 없이 현직에 남아 처리하는 그 업무에 얼마나 열정적으로 헌신할 것인지 의문이다. 혹시 생활고를 이기지 못하고 부정한 유혹에 넘어가지 않을까 걱정도 된다.

다음은 그래도 용감하게 근무지와 다른 곳에서 개업하여 사건을 맡아 변호사로서의 소임을 다하는 것이다. 그럭저럭 먹고 살 수 있다면 큰 문제는 없을 것이다. 그런데 만약 자신이 마땅히 얻어야 된다고 생각한 수입보다 적다고 생각되는 경우에 그들은 개정변호사법의 허점을 찾아 사실상 근무지 사건을 수임하면서 은밀하게 전관으로서의 예우를 받으려고 시도하는 위법을 자행할 수도 있다. 어제 준법을 강조하던 자들이 오늘은 위법을 감행하는 모순된 행보를 보일 수도 있다.

더 큰 문제는 유능한 판검사 지망생들이 현직 판검사가 처한 실정을 깨닫고 아예 처음부터 돈벌이가 되는 대형로펌에 취직하려고 할 뿐 판검사로의 임관을 포기할 수도 있다. 그런 경향이 일반화된다면 결국 법원과 검찰청에는 있는 자와 무능한 자만 존재할 것이다. 그렇다면 있는 자의 편향된 시각과 무능한 자의 무모한 만행에 피해를 입는 자는 누구일까?

동서고금을 막론하고 유능한 자를 국민의 공복으로 부려먹기 위해서는 그가 외부의 유혹을 받지 않을 정도로 상당한 대우를 해주어야 한다는 것이 세상의 이치가 아닐까? 그렇다면 국민들은 전관예우의 폐해를 입지 않기 위해서 유능한 판검사를 엄선하여 그들이 정년에 이를 때까지 국민들에게 헌신하도록 상당한 대우를 해줌으로써 전관을 만들지 않게 발상의 전환을 해야 하는 것은 아닐까?

이에 대하여 세상 사람들은 말할지 모른다. 판검사들은 지금도 다른 공무원에 비하여 상당히 좋은 대우를 받고 있다고. 그러나 판검사들이 비교 대상으로 삼은 사람은 애석하게도 다른 공무원이 아니라 자기보다 못한 실력에 더 많은 경제적 수입을 얻는 변호사들이라는 점에서 그들을 설득할 수 있을까? 또 세상 사람들은 말할지 모른다. 판검사는 성직자와 같은 소명의식을 가지고 공직을 수행해야 한다고. 그러나 판검사들은 애석하게도 다른 남편 및 아버지와 비교하는 배우자와 아이들을 두고 있는 세속적인 생활인이라는 점에서 그들을 납득시킬 수 있을까?

정도국가 그리고
법과 원칙

 우리는 나라의 힘이 없어 국권을 찬탈당한 후 모진 시련을 겪다가 겨우 국권을 회복하였으나, 나라의 기틀도 잡기 전에 국토가 양분되어 동족상잔의 전쟁을 치렀다. 전쟁의 폐허 속에서 절대빈곤을 극복하기 위하여 모든 것을 희생하면서 경제성장에 매진한 결과 세계가 놀랄만한 경제대국으로 성공하였다. 이후 지속적인 민주화운동을 통하여 군사정권을 무너뜨리고 민주주의를 구가하는 대한민국. 이런 자랑스러운 나라에 사는 우리들은 과연 지금의 대한민국에 대하여 진정으로 자긍심을 느끼며 그 속에서 행복하게 살고 있는 것일까?

 제17대 대통령선거에서 747공약을 내걸고 새로운 경제도약을 주창하며 집권한 정부를 지지하던 그 유권자들이 한 단계 더 높은 경제발전을 위하여 반드시 필요하다고 생각하는 미국과의 자유무역협정 체결에 걸림돌이 되는 미국산 쇠고기 수입 문제를 전략적 차원에서 해결하였다는 정부의 말을 정말로 믿지 못하여 촛불시위에 참가한 것일까? 그들은 진정으로 정부가 광우병에 걸린 미국산 쇠고기를 수입하여 국민들에게 먹일 것이라고 생각하여 시위에 참가한 것일까? 경제도약을 통하여 잘사는 나라를 만들겠다는 공약을 내건 정부를 지지하던 유권자들이 그 경제도약을 위하여 필요하다고 생각하여 취한 정부의 조치에 대해 왜 그렇게 분노하였을까?

위와 같은 국민들의 언뜻 모순되는 듯한 행동을 깊이 살펴보면, 결국 우리 국민들은 이제 맹목적인 경제성장 만능주의가 아니라 인간다운 삶을 구가할 수 있는 정도국가의 건설을 희망하고 있는 것이 아닐까 하는 생각이 든다.

그렇다면 우리 국민들이 열망하는 정도국가란 어떤 국가를 의미하는 것일까? 자신이 지지하는 이념이 진보냐 보수냐에 따라 정도국가의 정의는 달라질 수도 있다. 그러나 필자가 여기서 언급하고자 하는 것은 어떤 특정 이념의 틀에서 정치적 내지 이념적으로 정의되는 국가의 개념이 아니라 제도로서의 국가이다. 즉 그 안에 진보와 보수 어느 세력이 정권을 잡아 자신들의 이념에 입각한 정책을 시행해도 결국 국민의 인권신장을 통한 인간다운 삶과 행복추구라는 목적에 종사하도록 설계된 국가, 진보와 보수세력이 함께 공존할 수 있는 기본적인 틀로서의 국가를 의미한다.

위와 같은 기본적인 틀로서의 정도국가가 되기 위하여 필자는 우선 국가에 법과 원칙이 있어야 한다고 생각한다. 여기서 의미하는 법과 원칙이란 법률만능주의에 입각한 형식적 의미의 법치주의를 의미하는 것이 아니다. 진정으로 국민의 자유와 권리를 신장시키기 위하여 사회계층의 이해관계를 조절하고 국가권력의 집행을 예측할 수 있는 기능을 가진 실질적 법치주의를 의미하는 것이다.

이런 법과 원칙이 있는 국가이어야 국민들 사이에 국가권력의 한계와 집행의 예측을 통하여 국가에 대한 신뢰가 형성될 것이다. 국민들은 국가에 대한 신뢰가 형성되어야 국가가 자신의 안위와 행복을 위하여 존재한다고 생각할 것이다. 그런 국가 속에서 국민들은 선한 의지와 상식으로 행동하여도 손해 보지 않고 인간다운 삶을 살 수 있을 것이라고 생각하기 때문에 도덕적으로 완성된 삶을 살려는 의지가 생길 것이다. 또한 국민들이 국가에 대하여 무한한 애정을 가지면서 국가를 지키기 위하여 자신들을 희생하려 할 것이고, 그런 희생을 치른 사람들에 대하여 감사할 것이며, 그런 국가를 자신들의 후손에게 물려주고 싶어 할 것이다.

결국 정도국가란 그 구성원에게 믿음을 줄 수 있는 법과 원칙이 살아 있는 국가가 아닌가 하는 생각이다.

홍익인간과
외국인근로자정책

내가 과문한지는 모르지만 건국이념을 가지고 국가를 세운 나라는 우리 나라가 전 세계에서 유일하지 않은가 생각한다. 반만년 전에 단군왕검께서 조선이라는 나라를 세우시면서 '모든 사람을 이롭게 한다'는 의미의 '홍익인간弘益人間'을 건국이념으로 정하셨다 하니 우리 민족의 위대함을 다시 한 번 느끼게 된다.

여기서 이롭게 해야 할 모든 사람에는 우리 민족뿐만 아니라 전 세계 모든 인류가 다 포함되어 있다 할 것이다. 헌법 전문에도 '밖으로는 항구적인 세계평화와 인류공영에 이바지함으로써'라고 표현하여 우리의 건국이념인 홍익인간의 정신을 표명하고 있다. 그렇다면 홍익인간의 정신을 구현하는 방법은 무엇일까? 여러 가지 방법이 있을 수 있으나, 필자는 여기서 우리나라의 이민정책과 관련한 문제점을 짚어보고 새로운 대안을 제시하고 싶다.

현재 우리나라는 다른 선진국들과 마찬가지로 개발도상국으로부터 많은 인력을 공급받고 있다. 특히 내국인이 혐오하거나 기피하는 이른바 3D 업종에 많은 개발도상국 출신의 외국인근로자들이 종사하고 있다. 그런데 여기서 문제를 제기하고자 하는 것은 그와 같은 외국인근로자들에 대한 우리의 정책이 너무 근시안적이지 않은가 하는 생각이다.

지금 우리나라에 와서 취업하고 있는 외국인근로자의 합법적인 체류허용기간은 3년 정도 되는 것으로 알고 있다. 그런데 자신의 나라에서 고등교육을 받은 외국인근로자들이 경제적인 문제로 우리나라에 와서 혐오업종에 종사하는 처지에 있다고 하더라도, 그들의 체류허용기간을 단기로 정함으로써 여러 가지 문제점이 발생하고 있다.

외국인근로자들이 우리나라에 취업하기 위해서는 나름대로 자국에서 여러 가지 공식적·비공식적 경비가 필요한 것으로 알고 있다. 그렇기 때문에 많은 경비를 들여 우리나라에 입국한 외국인근로자들은 제일 먼저 단기간에 자국 내에서 들인 경비를 포함하여 되도록이면 많은 돈을 벌 수 있는 기회를 모색하고자 한다. 그래서 그들은 입국하자마자 자국 출신의 선배 외국인노동자들로부터 들은 정보를 바탕으로 할당된 사업장에서 이탈하여 불법체류자의 신분으로 불법적인 고소득직종을 찾아 나선다.

단기의 체류기간으로 인하여 장기의 인생계획을 수립할 수 없는 그들은 우리나라 법을 어겨가면서 불법체류자로 전락하여 여러 가지 사회문제를 일으키고 있다. 또한 할당된 중소기업체에서 산업연수생으로 종사하는 외국인근로자들도 기술이 어느 정도 숙련되어 경쟁력을 갖출 만하면 출국할 수밖에 없어, 숙련된 근로자의 공급부족에 시달리는 중소기업체의 안정적인 인력수급에도 지장을 초래하고 있다.

이런 문제점을 해결하는 방안으로 필자는 국내에 산업연수생으로 들어오는 외국인근로자들의 체류허용기간을 적어도 10년 정도 장기간으로 줄 것과 가족동반을 허용할 것을 제안한다. 장기체류와 가족동반이 허용되면 외국인근로자는 장기간의 생활계획이 가능하므로 우리나라 법을 지키면서 정상적으로 산업연수생으로 종사하는 것이 가능하고, 외국인근로자를 고용하는 중소기업에게는 안정적인 숙련공의 공급이 가능할 것이다.

그리고 무엇보다도 국내에서 장기간의 연수를 통하여 부와 산업경험을 축적하고 가족들을 교육시켜 우리나라에 애착을 가진 외국인근로자들이 우리나라에 대하여 긍정적인 인상을 가지고 귀국한다면, 향후 우리는 그들을 현지거점으로 하여 친한인사들로 구성된 인적 네트워크를 구축할 수 있지 않을까 생각한다. 그와 같이 구축된 인적 네트워크는 자발적이고 비강압적이기 때문에 식민지와 피식민지의 관계에서 형성된 인적 네트워크보다 더 큰 힘을 발휘할 수 있을 것이다.

명의신탁재산제도의
개혁

　필자가 판사가 된 때부터 변호사가 된 지금까지 20년간 법률업무를 취급하면서 느낀 점 가운데, 현재 우리의 법률체계를 복잡하게 만들고 국민들로 하여금 사법제도, 그 중 민사소송제도의 효율성에 의문을 제기하게 하는 원흉 중의 하나로 명의신탁재산제도名義信託財産制度를 꼽을 수 있지 않은가 생각한다.

　명의신탁재산제도란 외부적으로 실질적인 소유자가 아닌 형식적인 명의자로 재산을 은닉하는 제도이다. 대표적인 예가 실질적으로는 "갑"이라는 사람의 돈으로 매입한 부동산을 "을"이라는 사람 명의로 소유권보존 또는 이전등기를 마친 다음 실질적으로 "갑"이 그 부동산을 관리하는 경우이다.

　모 재벌이 회사의 임원 명의로 회사주식을 명의 신탁하는 방법으로 분산시켜 대주주로서 받게 되는 규제를 피하면서 회사에 대한 장악력을 유지한다든가, 유력 공직자가 부동산투기를 위하여 부동산소재지에 사는 사람의 명의로 재산을 사서 보유하고 있다든가, 사업가가 사업상 부담하게 될

지도 모르는 채무의 집행을 면하기 위하여 자신의 배우자 또는 친척 명의로 재산을 취득해둔다든가 하는 등 우리의 주변에서 의외로 명의신탁재산제도가 널리 악용되고 있는 실정을 피부로 느낄 수 있다.

명의신탁재산제도는 역사적으로 일제가 토지조사령에 의하여 우리나라 백성의 토지를 수탈하려는 악행을 피하기 위하여 종중 재산을 종중원 명의로 등기한 것의 유효성을 인정하면서 생긴 제도로, 나름대로 그 제도의 필요성 및 효용성을 인정할 수 있다. 그러나 종중 자체가 재산을 보유할 수 있도록 제도가 보완된 현 상황에서 명의신탁재산제도의 유효성을 인정하는 것은 이를 부인하는 것 이상으로 문제를 발생시키고 있다.

기껏 재판을 통하여 "갑"의 민사상 책임을 법적으로 확인받는 판결을 받아도 막상 "갑" 명의로 된 재산이 없고 "갑"이 "을" 명의로 재산을 보유하고 있다는 점을 입증하지 못한다면 그 "갑"에 대한 판결은 비싼 종이 조각이나 "갑"이 법적인 책임을 부담한다는 역사적인 선언문에 불과할 뿐 실제로 권리구제라는 본연의 목적은 달성할 수 없게 된다.

타인 명의로 은닉된 재산을 밝혀내지 못하기 때문에 '회사는 망해도 재벌은 영원하다'는 자조 섞인 말이 나오고 모 전직 대통령처럼 자신의 재산은 수십만 원도 안 된다면서 호위호식하고 있는 웃지 못할 사태가 벌어지는 것이다. 그렇기 때문에 국민들은 정당한 방법인 민사소송을 통하여 권리구제를 받으려 하지 않고 돈을 받으려고 상대방을 형사 처벌해달라고 고소하여 합의금 명목으로 권리구제를 받고자 하거나, 아니면 아예 해결사라는 제도권 밖의 힘을 빌어 자신의 권리구제를 받으려고 한다.

이런 제도의 악용으로 인하여 단지 법률관계가 복잡해져 그 해결을 위한 사회적 비용이 증가한다는 폐단 외에, 더 큰 문제는 거짓을 행하는 사람들은 이득을 보고 선량한 국민들은 자신의 권리구제를 위하여 편법을 써야한다는 것이다. 이에 따라 국가공권력의 권위와 효용성에 대하여 의문이 제기되고 결국 국가나 사회에 대하여 불신을 조장하는 풍조가 조성된다.

그렇다고 개인의 사유재산 보호를 헌법의 이념으로 정하고 있는 자유민주주의국가에서 자신의 재산을 타인 명의로 보유하고 있다는 것만으로 명의신탁자들의 은닉 재산에 관한 권리를 부인할 수는 없다. 과거 문민정부 시절 명의신탁재산제도의 폐해를 근절하기 위하여 부동산에 관하여 실명제를 도입하였으나, 결국 대법원에서는 기존의 이론과 다른 이론을 도입하여 명의 신탁된 재산에 관한 소유자의 권리를 인정하고 있다.

그렇다면 이런 명의신탁재산제도의 폐해를 조금이나마 줄일 수 있는 방안은 없는 것일까? 필자는 기존의 법률체계를 전적으로 부인하지 않음으로써 커다란 혼란을 초래하지 않는 한도에서 제도를 개선할 수 있는 방법의 하나로 은닉된 명의신탁재산을 국가에 신고한 사람들에게 법에 의하여 명의신탁자로부터 국가가 받을 수 있는 과징금의 일부를 포상금으로 지급하는 방안의 도입을 주장하고 싶다.

현행 부동산 실권리자명의 등기에 관한 법률 제5조에 의하면 명의신탁자에 대하여 당해 부동산의 30%에 해당하는 금액의 범위 안에서 과징금을 부과하도록 되어 있다. 그 과징금 부과범위를 확대함과 동시에 대상도 부동산뿐만 아니라 주식 등 은닉이 용이한 재산까지 확대하면서, 명의 신탁된 재산을 신고하는 자(주로 명의신탁자로부터 부탁을 받아 이름을 빌려준 명의수탁자가 많을 것이다)에 대하여는 국가가 부과하여 징수한 과징금 중 일정 비율을 포상금 명목으로 지급하는 것이다. 그렇게 된다면 타인에게 명의를 신탁하여 재산을 취득한 자들은 자신이 믿고 재산을 맡긴 자들의 배신(?) 여하에 따라 국가에 과징금을 부과당할 우려 때문에 결국은 되도록이면 자신 명의로 재산을 등기하거나 등록할 것이다.

국가가 법망을 피하기 위하여 서로 모의한 자들의 신뢰(?)가 깨지도록 제도를 고쳐나가는 일은 공자가 보시기에도 결코 비난할 일은 아니라고 생각한다.

지도자의
자질론

　요즘 국민을 위하여 헌신하겠다는 고위공직 후보자들에 대한 청문회를 보면 허탈한 마음이 든다. 거의 예외 없이 후보자들은 세금탈루, 부동산투기, 재산형성과정의혹, 자녀위장전입, 논문부정게재, 병역미필 등으로 세간의 지탄을 받고 있다. 그런데 더 큰 문제는 이러한 문제점이 노정되었고 그에 대한 후보자들의 해명도 이해가 되지 않음에도 불구하고 그들이 고관대작으로 임명되어 국정을 이끌어나가고 있다는 점이다.

　위와 같은 문제들이 왜 국정을 이끌어나갈 고관대작들에 흠이 되는지는 새삼스럽게 거론할 필요가 없다. 국민들에게 법의 엄격함과 평등함을 강조하면서 부과된 납세 및 병역의무의 이행을 강제하고 이를 위배하거나 부정한 방법으로 법질서를 위배한 국민들에게 법을 근거로 불이익 처분을 명할 지위에 있는 자들이 스스로 그 법과 원칙을 지키지 않았다면, 누가 그들의 명령이 정당하다고 생각하고 따르겠는가. 그렇기 때문에 국민의 지도자로 나설 경우에 도덕적으로 완벽한 사람은 아니더라도 적어도 국민들이 예의주시하는 실정법을 어긴 사람은 제외시켜야 하지 않는가.

그들은 아마 탈세로 마련한 돈과 위장전입을 통한 부동산투기 같은 떳떳치 못한 방법으로 부를 증대시키고, 그런 방법으로 부를 형성한 부모나 장인장모로부터 부를 물려받고, 자녀들을 좋은 학군의 학교에 입학시켜 사회적 지위를 대물림하고, 이미 발표한 논문을 두세 번씩 반복 게재함으로써 전문가의 경력을 쌓고, 군역을 면제받음으로써 그것이 마치 능력인 양 호도하는 사람들일 것이다.

지금이야 그들이 그런 행위에 대하여 반성하는 모습을 보이면서 부끄럽고 죄송하다는 의례적인 말을 하지, 불과 10여년 전만 하여도 그들은 그와 같은 행위를 능력이 없는 사람은 할 수 없고 자신들과 같이 똑똑하고 능력있는 사람만이 할 수 있는 특권인 것처럼 생각했을 것이다.

그들도 세상이 이렇게 빨리 변할 줄은 몰랐을 것이다. 국민은 이미 자신의 지도자들에 대하여 새로운 도덕적 잣대를 요구하고 있는데, 이른바 지도층이라는 사람들은 과거의 구습에 머물면서 우물 안 개구리처럼 자신은 잘났고 그와 같은 행동을 하게 된 데에는 자신만의 특별한 사정이 있다고 울어대는 형상이다. 그들은 항변할지 모른다. 세상이 이렇게 변할 줄 알았으면 자신들도 법을 잘 지키면서 국민들이 싫어하는 일은 하지 않았을 것이라고.

그러나 고관대작들이 솔선수범하여 법과 원칙을 지켜야 한다는 것은 이미 공자 시절부터 요구되던 지도자의 자질이고 새삼스러운 것이 아니다. 다만 사회가 그런 자질에 어긋나는 지도자들을 용인하느냐 아니냐의 차이만 있을 뿐이다. 필자가 생각하기에는 그런 생각을 가진 지도자들은 이미 시대정신에 맞지 않는 퇴물이라고 보아야 할 것이다.

그런데 문제는 그런 생각을 가진 자질 없는 자들이 실제로 지도자가 되고 있다는 현실이다. 결국 그런 사이비 지도자들을 낙마시킬 수 있는 방법은 임명권자가 개과천선하기 전에는 달리 현실적인 것이 없다. 다만 그런 사이비 지도자에 대한 부정적인 여론과 그런 사람을 천거한 정치적 집단에 대한 투표를 통한 정치적 징계는 간접적인 시정장치가 될 수 있다.

여기서 사이비 지도자들을 조금이나마 거를 수 있는 제도적 보완이 있었으면 한다. 그것은 인사청문회나 언론매체를 통하여 후보자들의 비리가 드러나고 그 중에 현행법상 위법하고 처벌 가능한 것이 있다면, 인사청문회의 통과 여부를 불문하고 반드시 청문회에서 사정기관에 그 비리를 고발하도록 하는 장치이다. 그런 제도적 장치가 있다면 '밑져야 본전' 식으로 함부로 고관대작이 되겠다고 사이비 지도자들이 인사청문회에 나타나지 않을 것이다.

그런 엄한 잣대를 통과한 지도자들만이 국민들로부터 존경을 받을 것이

고 그런 지도자들이 국민들에게 국가를 위한 희생을 요구할 때 국민들은
기꺼이 그 요구에 응할 것이다.

원래 윗물이 맑아야 아랫물이 맑은 법이다.

특검 이후의
과제

　이명박 대통령의 내곡동사저 부지매입 의혹사건 진상규명 특별검사의 임무가 일단락되었다. 수사의 막바지에 대통령 아들이 동원한 돈의 출처 및 성격을 밝히기 위한 수사기간 연장요청을 청와대가 거부하면서 한 점의 의혹이 없을 정도로 철저한 수사결과를 얻지 못한 아쉬움이 있을 수 있으나, 그래도 특검 본연의 수사목적은 어느 정도 달성한 것 아닌가 하는 생각이 든다. 특히 서면조사라는 형식을 취하였지만 어떻든 건국 이후 최초로 현직 대통령 부인에 대한 수사가 이루어졌다는 점에서 앞으로 선례적인 역할을 할 것으로 보인다.

　이번 특검은 같은 사건을 수사했던 검찰의 고위관계자가 정치적인 부담을 느껴 기소하지 못한 듯한 뉘앙스를 풍기면서 일찍부터 국민들의 관심을 끌어왔다. 특히 이전의 특검이 자기 역할을 다하지 못해 특검제 폐지론이 일각에서 대두되고 있는 상황에서, 이번 특검을 통하여 어느 정도 사건의 실체적 진실이 밝혀졌다고 보는 입장에서는 앞으로 특검제도 활용에 좋은 예가 될 것으로 보인다.

그런데 이 시점에서 우리가 한번 생각하고 넘어갈 것이 있다. 그동안 검찰은 정치적으로 부담이 가는 사건에 대하여 매우 비굴한 태도를 보이곤 했다. 국민이 부정부패 척결과 국가기강 확립을 위하여 전 세계적으로 유례가 거의 없는 수사권과 기소독점권을 가진 막강한 검찰을 제도적으로 만들어주었음에도 어찌된 일인지 검찰은 정치적인 사건만 만나면 겁먹은 개처럼 꼬리를 말고 설설 기는 모습을 보이곤 하였다. 그러면서도 권력으로부터 독립된 새로운 수사기관을 만들자는 제안만 나와도 입에 거품을 물고 반대해왔다. 수사는 제대로 할 생각이 없으면서 권력욕은 왜 그리도 많은지 참 한심한 노릇이었다.

이런 검찰을 진정으로 국민을 위한 검찰로 만들 절호의 기회가 이번 특검을 통하여 이루어진 것이 아닌가 생각한다. 즉 이번 특검을 통하여 밝혀진 사실들을 종합하여 특검 본연의 수사목적을 달성할 뿐만 아니라, 더 나아가 한 달 정도의 수사로 밝혀낼 수 있는 실체적 진실을 밝혀내지 못한 수사검사와 그 결제선상에서 엉터리 불기소 결정문에 결제날인을 한 상급자들을 밝혀내는 것이다. 그리고 그들이 사건의 실체적 진실을 파악 못한 것이 현재의 검찰제도가 가진 제도적 문제로 인한 것인지, 그들 개인의 무능력에 기인한 것인지, 아니면 생각하기도 싫지만 사건의 실체적 진실을 파악했으면서도 정치적인 부담이나 인사권자에 대한 보은으로 혐의없음 처분을 내린 것인지 밝혀내야 할 것이다.

만약 제도 자체의 문제로 인한 것이면 제도적 문제점을 개선함으로써 검찰 본연의 기능을 회복할 수 있을 것이다. 개인적 무능에 기인한 것이라면 인사고과 및 좌천을 통하여 그 과오에 상응하는 불이익을 주는 징계처분을 하면 될 것이다. 그러나 만약 수사검사나 그 상급자가 대통령 아들이나 측근들의 비리가 범죄가 됨을 알았으면서도 정치적 판단을 한 것이라면, 그들을 직무유기혐의로 형사적 처벌을 해야 할 것이다.

그래야 다시는 국민이 낸 소중한 세금이 같은 사건을 반복하여 수사하는 데에 낭비되지 않을 것이다. 더 중요한 것은 일신의 영달을 위하여 진실을 왜곡하면서 국민을 바보로 알고 속일 수 있다고 생각하는 정치검찰이 아니라, 진정으로 국민을 두려워하고 존중하며 살아 있는 권력에 당당히 맞서는 민복으로서의 검찰로 위상을 세울 수 있을 것이기 때문이다.

필부의 책임

낙엽이 지면서 이런저런 명분을 가지고 여러 당에서 대선후보로 된 분들이 국민들에게 지지해줄 것을 호소하고 있다.

여러 후보 중 가장 흥미로운 것은 이미 두 번에 걸쳐 대선에서 패배함으로써 스스로 역사의 죄인이라고 말씀하셨고 어마어마한 불법선거자금을 수수한 것이 자신의 잘못이라고 인정까지 하신 분이 국가 정체성의 위기 및 보수세력 대선후보의 자질부족론에 편승여 다시 한 번 대선 도전을 위하여 출사표를 던졌다는 것이다. 이와 같이 스스로 역사의 죄인이라고 인정하고 있는 분이 출마선언을 하자마자 범여권의 대선후보들보다 더 많은 지지도를 받는 것을 보니 집권정당의 실정이 아마 역사의 죄인 이상으로 더 큰 죄를 지었나본데, 이를 무슨 죄라고 불러야 할지 법을 전공한 필자도 모르겠다.

선거판에서 필부匹夫들에 대한 공략방법에는 시대에 따라 변화가 있었다. 불과 몇 십 년 전만 해도 선거철이 되면 막걸리와 고무신으로 선거를 판가름하였다. 그 당시 순박한 우리 필부들은 후보들이 제공하는 막걸리와 고무신 세례를 받고 양심적으로 보다 많은 양을 제공한 사람을 지지하였다. 그런데 세상이 먹고 살만하고 사람들이 영악해지니 이제는 막걸리나 고무신만으로는 사람들의 마음을 살 수가 없던지 현금으로 필부들의 마음을 산다. 그것도 중간에 전달하는 사람들이 약간의 수고비를 공제한 금액으로 말이다.

그런데 지난 대선에서는 세상이 바뀐지도 모르고 한 후보가 대담하게도 차떼기로 부정한 돈을 받아 선거에 사용하였다고 한다. 다른 후보는 본인 말로 차떼기 하신 분의 10분의 1도 되지 않는 부정한 돈을 받아썼을 뿐이라고 우기시던데, 검찰이 조사한 결과는 불충스럽게도 아닌 것 같다. 그분은 본인은 깨끗한 선거를 표방하였기 때문에 남들이 더 갖다 주었는데도 다른 후보의 10분의 1 정도 수준에서만 불법 선거자금을 받았다고 이야기하지만, 세상 사람들은 그렇게 믿지 않는 것 같다. 당시 그 후보가 다른 후보보다 인기가 없어서 돈을 가져오는 사람들이 적었으므로 더 받고 싶어도 더 받을 것이 없었기 때문이라고 말들 한다.

더 재미있는 것은 필부 한 명의 마음을 사는 데 전달 수수료를 포함하여 10만 원 정도가 든다고 가정하여도 1,000억 원으로 살 수 있는 사람이 100만 명 정도에 불과하다는 점이다. 이에 비하여 의인을 내세워 상대방 후보에 대한 과장광고를 함으로써 9%의 지지율(유권자를 2,000만 명으로 보아도 180만 명 정도가 됨)을 편취하는 것을 보면, 선거판에서 장사는 차떼기를 하신 분보다 의인을 쓰신 분이 더 잘한 것 같다.

아마 이번 선거판도 각 후보 간에 과거의 허물을 들추며 이전투구의 양상을 띨 것 같다. 국가 지도자의 덕목에 과거의 흠이 얼마나 중요한 위치를 차지하는지는 필부마다 다 견해가 다를 것이다. 그러나 적어도 국가 지도자의 제일 덕목이 신뢰를 통하여 국민들에게 꿈과 희망을 제공하는 것이라면, 과거의 흠이 생각만큼 큰 감점요인이 되지 말아야 한다고 생각하는 것은 필자 자신도 과거의 흠이 많은 인간이기 때문인가?

많은 후보들이 어떤 의혹이 나중에 당선된 후라도 진실로 규명된다면 책임을 지겠다고 말한다. 거짓말일 가능성이 있다. 믿지 말아라. 설령 거짓말을 하여 대통령에 당선되어도 선거법상 문제만 없으면 대통령 재직 당시에는 형사상 소추를 받지 않는다는 헌법조항 때문에 적어도 5년간은 형사상 처벌을 받을 일은 없을 것이다. 이는 현재의 대통령이 대선 불법자금을 다른 후보보다 10분의 1 이상 받았으면 책임지겠다면서도 현재까지 절름거리지도 않고 국정을 운영하고 계신 것을 보면 잘 알 수 있다. 그리고 거짓말이 밝혀져서 선거무효소송을 제기해봐야 안정성을 중시여기는 대법관님들의 백성을 위한 판단으로 인하여 기각될 확률이 훨씬 높다. 섣부르게 탄핵 운운하면서 국회에서 눈물을 흘리며 애국가를 부르면 총선까지 망칠 가능성이 있다.

그럼 필부들은 어떻게 하란 말인가. 할 수 없다. 정신을 똑바로 차리고 과연 누가 더 믿음직한 말씀을 하시는지 가릴 수밖에 없다. 왜냐하면 억울할지 모르지만 국가가 흥하거나 망하는 데에 일개 필부도 책임이 있다 하니, 억울한 누명을 쓰지 않고 나중에 엄지와 검지를 절단하여 인천 앞바다에 투기하는 환경오염을 하지 않기 위해서는 필부지만 정신을 차릴 수밖에 없기 때문이다. 필부로 살기도 쉽지 않다.

후보 단일화의
위법 가능성

제18대 대통령선거가 50일도 남지 않았다. 그런데 아직도 최종적으로 대통령후보로 될 사람이 정해지지 않아 국민들은 혼란스럽다.

최근의 대통령선거에서는 후보들 간의 합종연횡이 하나의 대세로 자리 잡고 있는 듯하다. 지난 제14대 대통령선거에서 김영삼 후보는 3당 합당을 통하여 정권을 거머쥐었다. 사람들은 위 3당 합당을 민주세력을 표방하던 김영삼 후보가 대통령병에 걸려 독재세력과 야합하였다고 평가한다. 그러나 적어도 보수대연합(독재세력이 사이비 보수라고 하더라도)이라는 가치 연대에 비추어보면 야합이라고 평할 수 있는지 의문이다.

한편 지난 제15대 대통령선거에서는 김대중 후보가 김종필 후보와 연합하였다. 나중에 밝혀진 바에 의하면 내각제를 공동 추진하기로 하고 후보 단일화를 이루었다고 한다. 정치적 이념을 달리하는 사람들 간에 특정 정치제도를 목적으로 뜻을 같이한 것인데, 추후 김종필 후보는 그 대가로 국무총리직을 맡은 것으로 보인다. 다르게 보면 국무총리직을 제안받고 대통령후보직을 양보한 것으로 볼 여지도 있다.

더욱 극적인 것은 제16대 대통령선거에서 정통 보수를 자처하던 정몽준 후보가 정통 진보를 자처하던 노무현 후보와 여론조사를 통하여 후보 단일화를 이루더니, 선거 당일에 정몽준 후보가 후보 단일화의 무효를 주장한 것이다. 무슨 명분으로 단일화를 이루었는지 모르나, 그 전개과정은 한 편의 희극을 보는 느낌이어서 씁쓸한 기억으로 남아 있다.

역사는 되풀이되는가? 이번 대통령선거에서도 평범한 상식을 가지고는 도저히 이해가 되지 않는 일이 전개되고 있다. 야당의 공식적인 대통령후보가 무소속의 인기 있는 대통령후보에게 후보 단일화를 애원하고 있다. 그 무소속 후보는 기존 정치권의 쇄신을 부르짖으며 새로운 정치를 하겠다고 출마를 선언했는데, 그 기존 정치권에 속해 있는 야당 후보가 단일화와 함께 정치쇄신을 논의하자고 제안하면서 정치적인 조직 없이는 대통령에 당선될 수 없다고 상대방을 설득하고 있다. 결국 야당의 논리라면 비록 쇄신의 대상이 될 정치조직이라도 현실적으로 정권을 획득하기 위해서는 필요하니 적당한 선에서 타협을 하자는 이야기로 들리는데, 필자가 오해한 것인가?

어떤 명분으로든 정권획득을 위한 단일화의 선례가 있으니 필부가 무어라고 할 말은 없다. 그러나 후보 단일화를 논의하면서 자리를 나누어갖는 것을 전제로 한 단일화는 하지 말기를 바란다. 그것은 공직선거법 제232조에서 금하고 있는 명백한 후보매수행위에 해당하기 때문이다.

오
내
사
랑,
인
천!

3

인천은 필자가 나서 자란 고향이다. 그리고 필자의 아버지와 어머니, 그분들의 아버지와 어머니, 그 조상들이 살아오신 땅이고, 나의 피붙이들이 살아갈 땅이다. 그만큼 애정이 있고 몸가짐을 조심해야 할 곳이다. 해불양수海不讓水의 인천은 '열린 도시'라고 생각한다. 역사가 열렸고, 정치·경제·문화의 가능성이 열린 도시이며, 지정학적으로도 대륙과 해양을 아우르는 항만과 공항을 갖춘 열린 도시 인천! 필자가 존경의 마음으로 인천을 이야기하고자 한다.

GM대우자동차를
구하자!

　60~70년대에 학교를 다니던 사람들로서는 '국산품애용'이라는 용어가
낯설지 않을 것이다. 당시 경제성장을 위하여 외화가 필요하였던 당국은
자라나는 어린 학생들에게 국산품이 아닌 외래품을 사용하는 것은 비애국
적인 일인 것처럼 교육을 시켰다. 외국에 있는 친척을 통하여 얻은 너무나
멋진 외래 학용품을 학교에 가져가는 날이면 이를 자랑해야 할지 아니면
부끄러워해야 할지 고민했던 기억이 아련하다. 중앙시장에 있던 도깨비시
장은 건전한 국민이면 가서 물건을 사지 말아야 할 범죄지역으로 치부되
곤 하였다. 그런 와중에 가끔씩 사회지도층 인사가 외래사치품을 사용하
였다는 이유로 여론의 뭇매를 맞곤 하던 시절이 있었다.

　현재 세계경제규모 11위의 지위에 있고 글로벌경제에 편입되어 수출로
경제성장을 한 우리의 입장에서 위와 같은 과거의 낯 뜨거운 추억을 회상
하는 이유가 지금의 어려운 경제사정을 타파하기 위하여 과거와 같은 무
조건적인 애국심의 발휘에 호소하고자 하는 것은 아니다. 과거 국산품애

용운동에서는 쇼비니즘적인 애국심에 호소함으로써 일반국민들은 소비자로서의 권리를 포기당한 채 울며 겨자 먹기로 높은 가격에 낮은 품질의 국산품을 사용하도록 강요당한 점이 없지 않다. 지금과 같이 국민의 의식이 선진화된 상황에서는 구시대적인 국산품애용운동을 벌인다고 하여 성공할 리가 없다.

그럼에도 불구하고 작금의 사정을 보면 한가로이 소비자학 이론을 논할 단계는 아닌 듯하다. 이번 전 세계적인 경제위기와 관련하여 다시금 알게 된 사실인데, GM대우자동차가 인천경제에서 차지하는 비중이 25% 정도 된다고 한다. 그런데 그와 같은 경제비중에 비하여 인천시민들이 소유하고 사용하고 있는 자동차 중에 대우자동차의 점유율이 생각보다 높지 않다는 것을 알게 되면, 인천시민들의 GM대우자동차에 대한 인식에 무엇인가 문제가 있는 것이 아닌가 하는 생각이 든다.

과거 인천시민들은 GM대우자동차가 지역경제에서 차지하는 중요성을 인식하고 있으면서도 GM대우자동차의 품질에 대한 의문과 범용성 부족으로 인한 중고차 가격의 하락 걱정, 부속품 구입의 곤란성, 대형승용차의 부재 등을 이유로 그 소유 및 사용을 꺼려하는 면이 없지 않았다고 본다. 그러나 최근에 GM대우자동차를 사용해본 경험이 있는 사람들은 이구동성으로 GM대우자동차의 우수성을 칭찬하고 있다. 그리고 범용성의 부족으로 인한 문제는 인천시민들의 다수가 GM대우자동차를 애용함으로써 자연스럽게 해소될 문제라고 본다. 또한 현재 GM대우자동차에서는 한국 국민들의 취향에 맞는 대형차도 공급하고 있는 것으로 알고 있다.

상황이 이러하다면 과거 GM대우자동차에 대한 인식을 바탕으로 한 인천시민의 소비행태 또한 변화해야 하지 않는가 생각한다. 초기에 다소 불편함을 겪더라도 지역경제를 위하여 인천시민들에게 GM대우자동차를 애용하자고 호소하더라도 현명한 소비자들로부터 비난을 받지는 않을 것이다. 더욱이 인천지역의 오피니언 리더들이라면 솔선수범하여 GM대우자동차를 애용하는 모습을 보여야 할 것이라고 생각한다.

지금 평택시는 쌍용자동차의 법정관리로 인하여 지역의 인심이 흉흉한 것 같다. 그런데 그런 사태가 인천에 발생하지 말라는 법도 없다. 그렇다면 지역경제의 버팀목인 GM대우자동차를 살리고 인천을 살리기 위하여 지금과 같은 비상상황에서 인천의 오피니언 리더들은 GM대우자동차를 우선적으로 구입하고 애용하면서 시민들에게 GM대우자동차를 애용해달라고 호소해야 할 것이다. 그리고 지역의 언론들도 GM대우자동차를 애용하는 오피니언 리더의 모습을 일반시민에게 알림으로써 GM대우자동차를 살리는 것이 범시민적인 차원에서 중요한 일이라고 여론이 형성되게 해야 할 것이다.

만약 이와 같은 공감대가 형성된다면 필자가 제일 먼저 GM대우자동차 구하기 제1호 홍보대사가 되어 기꺼이 GM대우자동차를 구입한 후 애용하는 모습을 시민들에게 자랑스럽게 보일 것이다.

계절별 전력수급
불균형 해결을 위한 제안

  지난 60~70년대만 해도 우리나라의 전력사정이 불안전해서 수시로 정전현상이 일어났고 전기도 저녁 일찍 단전되곤 하였다. 그때는 밤을 새워 불을 켜놓는다는 것은 특별한 경우 이외에는 허용조차 되지 않았다. 밤에 정전이 되면 촛불을 켜놓고 공부하거나 삯바느질을 하던 모습은 지금 생각하면 아련한 옛 추억일지 모른다.

  그런데 최근에 이르러 우리는 다른 형태의 전력부족 현상에 직면하고 있다. 모든 것이 기계화·자동화되면서 편리한 전기사용이 보편화되었고 여기에 생산원가 이하로 값싸게 전력이 공급됨으로써, 그 당연한 결과로 우리의 전기사용량이 급격히 증가하였기 때문이다. 급격한 전기수요의 증가 이외에 우리의 전기사용 행태에서 특이한 점은 봄과 가을보다 여름과 겨울에 그 사용이 집중되는 경향을 보여, 전력공급당국을 더 애타게 한다. 아마 여름의 냉방장치와 겨울의 난방장치가 모두 다량의 전력을 소비하는 기계이기 때문일 것이다.

이와 같이 국민들의 전력소비에 대한 욕구는 커져만 가는 데 비하여 그 공급을 늘리기 위한 발전소 건립은 상당히 어려운 것이 현실이다. 우선 발전소를 건설하려고 하면 각종 환경단체에서 환경파괴를 우려하여 반대하고 건설예정지 인근 주민들도 혐오시설이라는 이유로 반대한다. 가장 자연친화적이라는 조력발전조차 철새서식지의 파괴 우려를 들어 반대한다. 더욱이 일본의 원전사고 이후에는 가장 경제적인 발전방식인 원자력발전은 언급조차 못하고 있다. 원가 이하로 공급되는 전기로 인한 전기과소비 현상은 전기료의 현실화를 통하여 시정할 수 있으나, 이 역시 상당한 시간이 경과된 이후의 일일 것이다.

그렇다면 비교적 단기적이면서 현실적인 공급확충에 의한 해결방안은 없는 것인가. 필자는 우리나라가 가지고 있는 세계 제일의 조선 및 해양플랜트건설 능력에 눈을 돌리고 싶다. 기술적으로 가능하다면 액화석유운반선과 결합된 선상 발전소를 서너 척 건조하여, 우리의 전력 비수기에는 전 세계적으로 단기간 전력수요가 필요한 지역에서 전력을 생산하여 공급하다가 우리의 성수기인 여름과 겨울에는 우리나라 연안에 선상 발전소를 정박시킨 후 전력을 생산하여 공급하면 어떨까 하는 생각이 든다.

이와 같은 선상 발전소를 운영하는 경우, 우선 육상에 발전소를 건설하는 데에 따른 환경단체의 반대를 많이 완화할 수 있을 것이다. 또한 계절적으로 전력수요량이 많은 때에 한시적으로 발전시설을 활용함으로써 고정적으로 육상에 발전시설을 건설하는 경우에 비수기에는 제대로 활용하지 못하는 비경제성을 상당 부분 해소할 수 있다고 생각한다. 그리고 우리의 전력 비수기에는 선상 발전소를 다른 전력수요국에 정박시켜 전력을 수출함으로써 가동능력을 제고할 수 있을 것이다. 더욱이 지난번 발생한 일본 대지진의 경우와 같이 갑작스런 자연재해로 인하여 전력이 모자라게 된 국가에 대하여는 인도적 차원에서 전력을 공급함으로써 국제사회에서 대한민국의 위상을 드높이는 역할도 할 수 있지 않을까 생각한다.

인천경제자유구역의
존재 이유

　모 지역신문을 보다가 현 인천광역시장께서 인천 송도경제자유구역에
국내 모 대기업 투자유치의 성공을 언급하면서 인천경제의 활성화를 위하
여 정보통신산업, 생명공학 등 첨단산업 위주로 국내 5대 기업의 유치를
위하여 노력하겠다는 기사를 보았다. 분배와 성장 문제 중 전자에 더 큰
정책적 무게를 두고 있는 정당 출신임에도 불구하고 지역의 경제를 책임
지는 정치 지도자로서 지역경제의 활성화를 위하여 과감하게 국내 대기업
의 유치를 선언한 현 시장의 용단에 감사드리면서도 몇 가지 걱정되는 것
이 있어 살펴보고자 한다.

　우선 국내 대기업을 경제자유구역에 유치하는 것이 경제자유구역을 둔
취지에 부합하는지 의문이다. 경제자유구역의 지정 및 운영에 관한 특별
법을 살펴보면, 경제자유구역은 그 지정 및 운영을 통하여 외국인투자기
업의 경영환경과 외국인의 생활여건을 개선함으로써 외국인투자를 촉진
하고, 나아가 국가경쟁력의 강화와 지역 간의 균형발전을 도모하기 위하

여 특별히 외국인투자자에 대하여 여러 가지 혜택을 줌으로써 투자를 활성화하고 선진 기업경영기법을 습득하고자 고안한 제도로 알고 있다. 그렇다면 외국인투자자에 대하여 국내기업과 달리 여러 가지 혜택을 주는 것이 옳은지 여부에 관한 정책적 비판은 가능할지 몰라도, 과거의 폐쇄적 경제운영에 대한 반성에서 그리고 글로벌한 세계경제의 조류에 능동적으로 대처하기 위하여 위 제도를 둔 이상 위 제도는 그 목적에 부합되게 운영되어야 하는 것이 아닌가 생각한다.

물론 시장께서 성공사례로 언급한 국내 모 대기업의 송도경제자유구역에 대한 대대적인 투자도 국내 대기업의 직접투자가 아닌 외국회사와의 합작투자 형식을 취한 것으로 안다. 그 속내야 어떻든 그 형식에 있어서는 외국인투자자로 변신하였기 때문에, 아무리 따지기 좋아하는 법률가라고 하지만 필자로서도 글로벌한 시대에 그 정도의 융통성은 용인하여야 하는 것 아닌가 생각한다. 다만 시장께서 의도하는 대기업 유치가 합작투자가 아닌 직접투자를 의미하는 것이라면 다시 한 번 위 제도의 존재 이유를 상기시키고 싶다.

특히 시장께서 대기업의 직접투자를 원한다면 수도권과 비수도권 간의 균형발전과 상생이라는 더 큰 목표는 희생될 수밖에 없다는 점을 밝혀두고 싶다. 아무리 인천이 '해불양수海不讓水'의 도시라지만 낙후된 지방의 희생을 토대로 우리만 잘살겠다는 것은 인천광역시가 가진 역사적·지정학적 지위에 비추어 도리가 아닌 것 같다. 오히려 경쟁력이 확보된 대기업의 산업은 낙후된 지방에 양보하고 전 세계적인 경쟁에 필요한 첨단의 외국기업을 유치함으로써 한국경제를 이끌어나가는 견인차 역할을 하는 것이 이 시대에 인천에 주어진 소명이 아닌가 생각한다.

더구나 중소기업도 아닌 대기업을 유치하겠다는 시장의 발상은 대기업의 폐해를 견제하면서 서민경제를 우선한다는 소속정당의 정책과도 어긋나는 것이다. 물론 진부한 진보와 보수의 이념적 대립을 굳이 언급하고 싶은 마음은 없다. 그러나 적어도 시민의 입장에서 교통사고를 피하기 위하여 우리 시장이 좌측 깜빡이를 켜면서 우회전하는 것은 아닌지, 그 정도는 알고 싶을 것이고 당연히 알아야 한다고 본다.

결론적으로 우리는 지금 그리고 이곳 인천에서 우리에게 주어진 역사적·지정학적 기회를 어떻게 활용하여 우리가 원하는 목표를 어떻게 달성할 것인지를 진지하게 생각해야 한다. 그런 사색과 고뇌를 바탕으로 이루어진 정책이 아니라 단순히 인기영합적이고 즉흥적인 정책은 반드시 실패할 뿐만 아니라 스쳐지나가는 정치인에게는 몰라도 이곳에 뿌리를 두고 사는 시민들에게는 큰 후유증을 남길 것으로 생각된다. 그렇다면 섣부른 정책을 추구할 바에는 차라리 그냥 두는 것이 나을 수도 있다. 왜냐하면 그

냥 놔두면 나중에 새로운 그림이라도 그리면 되는데, 먼저 엉뚱하게 사용
되면 다시 원상회복을 할 수 없기 때문이다.

지금 인천은
진짜 소통하고 있는가

　일전에 필자는 인천의 특정 상권을 대표하는 사람의 이취임식에 참석한 적이 있었다. 그 이취임식을 축하하기 위하여 인천광역시장을 비롯한 인천의 정계인물들 상당수가 모였는데, 그 자리에서 인천대의 국립대 전환을 위한 예산확보의 공이 어느 정당에 있는지를 두고 인천을 대표하는 여당과 야당 정치인들 사이에 작은 설전이 있었다. 한마디로 국회에서 예산확보를 한 공이 자기 소속 정당에 있다는 것이다.

　그러나 현재의 국회 구성으로 보아 야당 출신 자치단체장의 공으로만 예산이 확보되었을 리가 없을 것이고 반대로 여당 국회의원들이 나서서 예산확보를 위하여 진력하였다는 이야기를 들은 적도 없다. 그리고 인천대의 국립대 전환사업은 지금의 자치단체장이나 국회의원들이 처음 추진한 것이 아니라 이전부터 인천의 숙원사업으로 알고 있다. 그렇다면 결국 서로 협력하여 인천의 숙원사업을 풀었다고 보는 것이 맞을 것이고, 따라서 서로가 상대방에게 공을 돌리는 모습을 보였으면 인천시민들이 더 흐뭇해하지 않았을까 하는 아쉬움이 남는다.

위와 같은 모습을 보면서 느낀 것은 '과연 인천은 지금 진짜로 소통하고 있는가' 하는 의문이다. 그런 의문은 월미은하레일 정상화 문제와 아시안게임 주경기장 건설비용의 국고지원 문제를 둘러싸고 여당과 야당의 정치인들이 보이는 행태를 보면서 더 깊어지고 있다.

지금은 문제의 해결방향이 정해진 것으로 생각되나, 우선 월미은하레일 사업과 관련하여서는 사업의 채산성이 있는지 여부가 문제가 된 것이 아니라 시공한 월미은하레일이 부실시공으로 인하여 개통되지 않고 있는지 여부 및 그렇다면 그 책임이 누구에게 있는지가 문제인 것으로 알고 있다. 즉 단 한 번의 시운전과정에서 기대한 만큼의 안전성이 확보되지 않자, 계속하여 시운전을 통한 하자보수를 하지 않은 상태에서 부실시공 여부를 놓고 시행사와 시공사 간에 다툼이 있었다.

월미은하레일 불개통으로 인하여 가장 고통 받는 사람들은 그동안 월미은하레일 개통에 따른 경제적 특수를 기대하면서 수년간의 공사에 따른 불편과 불이익을 참아낸 지역상인들일 것이다. 그들은 지금이라도 하자보수를 하여 개통될 수 있다면 하루라도 빨리 보수하여 개통하기를 기원하고 있다. 그런데 어찌된 일인지 시공사는 시운전을 통하여 하자를 보수할 능력이 있고, 따라서 개통을 자신할 수 있다고 주장함에도 시행사는 계약상에 기재된 시운전마저 거부한 채 위 시공이 부실시공이라고 낙인찍은 후 뒤늦게 소송으로 그 책임 유무를 가리겠다고 하고 있었다.

모든 법적 책임의 유무야 결국 소송으로 밝혀지겠지만, 만약 위 사업이 전임 시장 시절 역점사업이었고 그 사업의 추진과정에서 불미스러운 일이 있어 이를 밝히는 것이 향후 정치적으로 유리하다고 생각하기 때문에 현 시장께서 절규하는 지역상인들의 목소리를 굳이 외면한 채 정치적으로 문제에 접근한 것일 수도 있다면, 과연 시민들과 소통하고 있다고 말할 수 있는가.

만약 재판과정에서 시운전을 통하여 기술적으로 하자보수가 가능하고 개통될 수 있다는 사실이 밝혀진다면, 그 다음에는 누가 책임을 질 것인가. 진정으로 시민을 위한다면 기술적으로 가능한 범위 내에서 하자를 보수하여 하루라도 빨리 월미은하레일이 개통되도록 합심하여야 하는 것이 정도가 아닌가라고 생각한다. 다행히 그런 방향으로 사태가 해결될 기미가 보이니 다행이다.

한편 한때 인천은 아시안게임 주경기장 건설에 따른 국고지원을 받기 위한 시민서명운동을 둘러싸고 갈등이 있었다. 아시안게임은 전임 시장께서 중앙정부의 반대에도 불구하고 유치하기로 결심하였고 그렇기 때문에 국고지원을 받을 수 없자, 민자유치를 통하여 새로운 주경기장을 건설하기로 예정하였다. 그러나 현 시장에 이르러 경기악화로 민자유치의 실현가능성이 낮다고 판단하여 재정사업으로 추진하기로 하면서 중앙정부에 국고지원을 요청하지 않은 것으로 알고 있다.

평창동계올림픽을 유치하려는 중앙정부가 혹시 인천의 아시안게임 유치가 평창동계올림픽 유치에 방해가 될 것을 우려하여 인천의 아시안게임 유치에 비협조적이었고, 그로 인하여 주경기장 건립에 국고지원을 받지 못하게 되었다. 인천시민으로서는 지역적으로 부산이나 평창에 비하여 차별을 받는 것은 아닌가라고 섭섭하게 생각할 수도 있었을 것이다. 그렇기 때문에 중앙정부에 인천시민의 힘을 보여주기 위하여 시민들은 서명운동에 적극 참여하였던 것으로 보인다.

그런데 이와 같은 시민서명운동 이전에 과연 현 시장과 지역 국회의원들은 무엇을 하였던가. 인천아시안게임의 성공적인 개최가 동북아 허브도시로서 인천의 위상을 드높이고 대한민국의 발전과 평화에 도움이 되며, 그렇기 때문에 성공적인 대회 개최를 위하여 주경기장의 신설이 필요하고 이를 위하여 국고지원이 반드시 필요하였다. 그러면 현 시장과 인천의 국회의원들이 머리를 맞대고 전략을 짜서 합심하여 중앙정부에 국고지원의 필요성과 타당성을 설득하였어야 했을 것 아닌가.

중앙정부로부터 국고지원을 받을 수 없게 된 책임이 누구에게 있는지 따지면서 순진한 시민들을 내세워 중앙정부를 규탄하는 모습을 보여서 무엇을 얻으려고 하였던 것인가 하는 우려가 들었었다. 최근에 누구의 공인지 몰라도 국고지원이 된다고 하니 다행이다.

어떻든 인천의 정치인들은 지금 전국적으로 일어나는 정치적 대격동을 보면서 시민과 소통하지 못하고 시민을 속이는 정치가 얼마나 위험한가를 느껴야 한다. 만약 시민을 바보로 알고 그들만의 궤변에 따라 정치를 한다면 지금의 정치인들 중 상당수가 축하 자리에서 연설을 할 수 있는 기회를 영원히 얻지 못할 수도 있을 것이다.

열린 도시
인천이 해야 할 일

인천을 특징지은다면 아마 '열린 도시'가 아닐까 생각한다. 우선 인천은 역사적으로 단군왕검이 신시를 열었다는 강화도 마니산을 품고 있어 한민족의 역사가 열린 도시이다. 또한 인천은 전국에서 누구나가 꿈을 품고 와서 정치·경제·문화적으로 성공할 수 있는 가능성과 기회가 열린 도시이다. 그리고 인천은 지리적으로 바다에 열린 항구와 하늘에 열린 공항을 함께 갖고 있어 세계를 향해 열린 도시이기도 하다.

지난 반세기 동안 남과 북의 대치 그리고 죽의 장막에 둘러쳐진 중국의 폐쇄정책으로 인하여 인천은 자신에게 주어진 역할을 다하지 못하였으나, 이제는 대륙을 향하여 포효하는 호랑이의 배꼽에 위치하면서 동북아시아의 공동 평화와 번영을 아우르는 역사적 소명을 다해야 할 것이다.

이런 열린 도시 인천을 대표할 수 있는 공적 기관으로는 인천경제자유구역청과 인천항만공사 그리고 인천공항공사가 있을 것이다. 인천경제자유구역청은 인천이 단순한 국가 지정의 산업단지를 넘어 미래의 대한민국 발전과 동북아의 공동 평화와 번영을 구현하는 중차대한 역할을 다할 수 있도록 기획 조정하는 중추적 기관이다. 이와 함께 인천항만공사와 인천공항공사는 동북아 거점도시로서의 인천을 자리매김하게 하는 대표적인 물류중심시설이다. 이 삼자가 어우러짐으로써 인천은 대한민국의 미래뿐만 아니라 동북아시아의 공동 평화와 번영을 책임지는 세계적인 도시로 성장할 수 있는 발판을 마련하였다고 볼 수 있다.

그런데 근자에 이르러 세 기관 외에 중요한 기관이 하나 더 생겼다. 다름이 아니라 하와이 거주 해외동포들의 성원으로 인하대학교 내에 설치된 법학전문대학원이 그곳이다. 이 법학전문대학원은 인천의 도시적 특성을 잘 반영한 물류중심법학전문대학원으로서 연간 50명의 귀한 인재들을 양성해왔고 올해 그 첫 수료생을 배출하는 것으로 알고 있다.

이 법학전문대학원이 안정적으로 정착함으로써 국제적인 물류중심도시로서의 인천을 법률적으로 뒷받침해주는 인재들을 활용하고 진정한 의미에서 인천이 국제적인 경쟁력을 갖출 수 있게 되었다고 본다. 인천이 대한민국에서 차지하는 비중에 비추어보면 다소 선발인원이 적게 할당되었다는 불만을 느낄 수 있으나, 그래도 이 법학전문대학원을 수료한 50명의 인재들은 인천의 소중한 자산임에 틀림없다.

이와 같이 애써 인재를 양성하여 배출하였음도 아직까지 인천경제자유구역청이나 인천항만공사 또는 인천공항공사에서 이 법학전문대학원 출신의 수료생을 채용하였다는 소식이 들리지 않으니 답답할 노릇이다. 인천을 위하여 어렵게 받아 길러낸 물류법학전문가들을 인천의 물류관련기관에서 활용하지 않는다면 그 어떤 기관이 그들을 중용할 것이며, 무엇 때문에 굳이 인천지역에 물류중심법학전문대학원을 두려고 많은 인적·물적 투자를 하였단 말인가.

물론 물류전문변호사의 지위가 사적인 영업활동가로서의 기본적인 성격을 띠고 있는 것을 부인할 수 없다. 그러나 크게 보면 물류와 관련된 법을 해석하고 집행하며 경우에 따라서는 입법청원을 할 수도 있는 공적인 역할을 담당한다는 측면에서 이 법학전문대학원의 수료생을 인천의 주요 물류관련기관에서 채용하여 활용하는 것은 이러한 기관의 권리이자 의무라고 생각한다.

그들이 갖고 있는 전문지식을 실무에 잘 접목하게 하여 인천의 물류산업을 발전시킴으로써 인천을 국제적으로 경쟁력 있는 물류중심도시로서 자리 잡게 하는 것이 우리 인천이 시급히 해야 할 일이 아닌가 생각한다. 조만간 위 물류관련기관들이 지역 법학전문대학원 출신의 물류전문변호사를 채용하였다는 낭보가 들리기를 기대해본다.

인천 구도심 개발
활성화를 위한 제안

인천이 동북아의 중심도시로 우뚝 서기 위하여 반드시 이루어야 할 과제 중의 하나가 바로 구도심의 재개발일 것이다. 열악한 주거환경의 개선을 넘어 불균형한 지역발전을 시정하고 더 나아가 건설경기 활성화를 통한 대한민국 경제의 도약을 위해서라도 인천 구도심의 개발 활성화는 시급하다 할 것이다. 이를 위해서는 근본적으로 세계경기 활성화에 따른 땅값 상승이 필요하지만, 언제 경제가 활성화될지 모르는 상태에서 그냥 손을 놓고 있을 수는 없다. 그렇다면 어떤 정책적 묘안이 있을 수 있을까.

우선 인천의 구도심 개발과 관련한 용적률 제한 등 각종 규제를 서울과 같이 할 필요성이 있을까 의문이다. 물론 인천을 수도권이 아닌 지방으로 보아 각종 특혜를 달라고 할 수는 없다고 본다. 그렇다고 인천의 구도심 재개발을 서울 강남권의 재개발과 같이 취급하는 것은 문제가 있다. 특히 재개발에 들어가는 비용 중 건축 자체에 대한 비용은 서울이나 인천 사이에 차이가 없을 것이지만 땅값에 있어서는 큰 차이가 있다. 따라서 분양가도 차이가 크게 나기 때문에 땅값이 다른 지역을 같은 기준으로 규제를 한다는 것은 형평에 반할 수도 있고 재개발의 사업성을 훼손할 수도 있다고 생각한다.

물론 용적률과 같이 기본적으로 쾌적한 주거환경을 확보하기 위한 규제는 함부로 완화할 수 있는 것은 아니라고 본다. 그러나 지역민들이 다소 주거의 쾌적성을 희생하더라도 사업성을 높여 보다 적은 비용으로 현재의 주거환경을 보다 나은 환경으로 조성하기를 원한다면 본질적인 훼손이 되지 않는 범위 내에서 이를 적극적으로 반영할 수 있는 것이 아닌가 생각한다. 따라서 정부에게 땅값에 연동하여 용적률 등 재건축 규제를 완화하는 정책의 도입을 권유하고 싶다.

한편 재개발을 규제하는 '도시 및 주거환경정비법' 제68조에 따라 기존에 도로나 공공용지로 사용되던 국공유지는 무상으로 해당 사업시행자에게 양여하도록 되어 있다. 그런데 문제는 이렇게 무상으로 양여된 국공유지에 비하여 사업시행인가 당시 공공용지로 국가나 지방자치단체가 무상으로 기부채납 받는 땅이 너무 많다는 것이다. 즉 과거에 도로나 공원으로 사용하던 땅을 국가나 지방자치단체가 사업시행자에게 무상으로 주면서 그보다 훨씬 확장된 도로나 공원을 무상으로 기부채납 하도록 함으로써 결국 국가나 지방자치단체는 적은 비용으로 비싼 공공용지를 쉽게 확보하는 셈이 된다.

　물론 국가나 지방자치단체가 새로운 도로를 내거나 공원을 조성하는 경우 국민의 세금이 쓰이게 되기 때문에 국민의 세금을 아낀다는 명분을 있을지 모른다. 그러나 결국 공공용지 조성비용이 사업시행자에게 전가되어 분양대금을 상승시키는 요인으로 작용하고 사업성을 악화시키며 주민들의 부담으로 될 수밖에 없다는 점에서 위와 같은 무상공여와 기부채납이 과연 옳은 것인지 의문이다.

　더욱이 주민들에게 쾌적한 주거환경을 만들어주는 것이 국가나 지방자치단체의 책무라면, 자신들의 비용으로 조성하여야 할 공공용지를 인허가권을 가지고 있다는 이유로 입주민들의 부담으로 돌아갈 수밖에 없는 공공용지 확보비용을 강제로 전가하는 것은 올바른 국가가 취할 정책은 아니라고 생각한다. 어쩌면 인허가권을 독점하는 권력의 횡포로 볼 여지도 있다.

　따라서 재개발 구역에 편입되는 공공용지도 일반 사업지와 마찬가지로 정당한 평가를 하여 유상으로 양도하고 새로운 공공용지도 정당한 평가를 하여 유상으로 취득하게 하면 사업성이 훨씬 제고될 수 있을 것이다. 만약 전면적으로 이를 시행할 수 없다면 땅값에 비례하여 무상으로 기부채납 받는 비율을 조절하는 것도 하나의 방법이 아닌가 생각한다.

인천의 미래를
위하여 투표합시다!

 일전에 야당과 무소속 대선후보가 여당의 대선후보에게 투표시간 연장 협상을 거부함으로써 반헌법적 태도를 보이고 있다고 맹렬하게 협공한 적이 있다. 무소속 대선후보가 사퇴한 이후에도 야당에서는 계속하여 투표시간 연장을 요구하고 있는 듯하다.

 선거가 주권행사의 주요 수단이라는 점에 비추어본다면, 보다 많은 유권자가 투표에 참여할 수 있는 제도적 정비를 마련하자는 야당 후보의 요구를 외면하는 듯한 여당 후보의 태도는 비난받아 마땅할지 모른다. 더욱이 투표시간의 연장으로 인하여 야당 지지자들의 투표율이 올라갈 것이라는 정략적 판단 때문에 여당이 처음부터 투표시간을 연장할 의사가 없었음에도, 여당 후보의 최측근이 후보 단일화를 추진하는 야당과 무소속 후보가 받아들일 수 없을 것이라고 판단한 이른바 먹튀방지조항과 함께 논의하자고 꾀를 냈다가 상대방이 이를 전격적으로 받아들이자, 일개 개인의 의견일 뿐이라고 발뺌을 함으로써 더욱 비난을 받고 있는 것 같다. 적어도 투표시간 연장문제에 있어서 여당 후보는 할 말이 없는 듯하다.

그러나 투표시간의 연장을 주장하는 야당 후보에게도 정말로 진정성이 있는지 역시 의문이다. 만약 민주주의의 발전을 위하여 투표시간의 연장이 꼭 필요하였다면 지난 총선 때에는 왜 지금처럼 강력히 주장하지 않았는가? 최근의 여론조사 결과가 투표시간이 연장되어도 야당 후보에게 유리할 것이 없다는 결론에 도달하였어도 지금처럼 사회적 약자인 비정규직 근로자들의 투표를 배려하기 위하여 투표시간 연장을 요구하였을 것인가? 특히 지금과 같이 여당이 국회 재적의원의 과반수를 점하고 있는 상황에서 헌법상 주권재민의 원칙을 강조하면서 투표시간의 연장을 요구하면 여당이 순진하게 법 개정에 이를 것이라고 판단하였다는 것인가?

결국 야당 후보도 대선이 코앞에 와 있고 국회의원의 과반수가 여당 의원으로 구성되어 있으며 각종 여론조사에서 투표시간을 연장하는 것이 야당 후보에게 유리하게 작용할 것이라는 전망이 나오는 현 상황에서, 여당이 자신들의 투표시간 연장 요구를 순순히 받아들일 것이라고 생각하고 지금의 공세를 펴는 것은 아닌가 하는 의심이 든다. 그렇다면 야당 후보가 지금 전개하고 있는 투표시간 연장 요구도 역시 정략적이라고 비난받을 수밖에 없지 않은가 생각한다.

어떻든 투표시간 연장은 이번 대선에서 이루어지지 않을 것 같다. 그러나 필자가 판단하기에는 투표시간이 짧아 투표율이 저조한 것은 아니라고 생각한다. 진정으로 정치가 우리의 생활을 바꿀 수 있다는 확신이 선다면 유권자들이 날밤을 세워서라도 투표장 앞에 줄을 서서 기다릴 것이다. 아니 유권자들의 정치에 대한 불쾌한 심경을 표현할 수 있게 투표용지에 '해당 후보 중에는 없음'란만 하나 더 만들어주어도 투표율이 지금보다는 더 높아질 것이라고 생각한다.

지금 대선후보들이 전국을 돌아다니며 각 지역의 유권자에게 사탕발림 일망정 각종 지역공약을 쏟아내고 있다. 어떤 지역 원로는 인천지역이 역대 선거에서 투표율이 제일 낮은 이유가 대선후보들이 상대적으로 외면하고 있기 때문이라고 불만을 토로하고 계신다. 주요 인사를 천거함에 있어서 인천은 지역안배를 고려할 대상에 포함되지 않고 있는 것은 어제 오늘의 일이 아니다. 과거 정부나 현 정부 모두 인천을 홀대하고 있다고 난리다. 갑자기 이번 미국 대선에서 승리한 오바마의 연설이 생각난다. '불평하지 마세요! 투표하세요!'

인천의 정당한 몫을 챙기기 위해서라도 누구를 지지하든 상관없이 이번 12월 19일에는 발품을 팔아야겠다.

인천이
행복한 이유

　우리가 특정 지역에 사는 것에 대하여 행복감을 느낄 때 그 이유는 여러 가지가 있을 수 있다. 쾌적한 주거환경이나 경제활성화에 따른 윤택한 생활 등 물질적인 풍요에서 행복을 찾는 사람이 있는가 하면, 자랑스러운 전통이나 품격 높은 문화생활 등 정신적인 가치에서 행복의 본질을 찾는 이도 있을 것이다. 사람들이 생활을 영위하는 데 물질적인 것과 정신적인 것이 모두 필요하다면 양자를 두루 갖춘 지역이 더 행복할 것이라고 생각한다.

　그러나 이런 것을 뛰어넘어 사람이 모여서 사는 곳에서 가장 중요한 것은 그 사회를 구성하는 사람들일 것이고 특히 그 중심에서 그 사회를 이끌어가는 존경할 만한 지도자가 중요하다면, 결국 존경할 만한 지도자의 존재 유무가 그 지역에서 사는 사람들의 행복도를 좌우하는 것이 아닌가 생각한다. 그런 면에서 인천은 다른 지역이 부러워할 만한 정신적 지도자를 두고 있는 행복도시라고 생각한다. 물론 그 판단은 주관적일 수밖에 없고 논란이 있을 수 있으나, 적어도 필자의 판단에 의하면 다음 두 분은 인천에 사는 것을 행복하게 만드는 분이 아닌가 생각한다.

우선 그 중 한분은 새얼문화재단을 이끌고 계신 지용택 이사장님이다. 1975년 장학사업을 시작으로 태동한 새얼문화재단은 2012년 12월말 현재 수십억 원의 재단기금과 후원자 1만여 명을 보유한 인천을 대표하는 시민사회단체로, 현재까지 각종 문화행사, 장학사업 등을 선도하고 있다. 이 재단의 기금이나 후원자의 규모, 그 수행사업의 규모나 지속도도 놀랍지만, 그보다는 이 재단을 이끌어가는 이사장님의 인천에 대한 엄정한 역사인식과 인천사랑, 보수와 진보를 아우르는 해불양수海不讓水의 균형감각, 끊임없이 시민들의 깨어 있는 정신을 강조하는 우공이산愚公移山의 실천의지가 이 재단을 더욱 빛나게 하는 것이 아닌가 생각한다.

다음으로는 오랫동안 극단 '십년후'를 대표하였고 현재는 인하대학교 교양학부에 재직하면서 다카스(DACAS)라는 리더십교육모임을 이끌고 계신 최원영 박사님이다. 다카스는 리더십의 발현단계인 '발견하라(Discover), 수용하라(Accept), 함께하라(Concern), 성취하라(Achieve), 확산시켜라(Spread)'의 영문 앞 글자를 따서 만든 모임으로, 박사님은 3년 전부터 바쁘신 와중에도 매주 두 시간씩 귀한 시간을 내어 현재까지 수백 명의 인천사람들에게 리더십교육을 무료로 시켜주고 계시다. 일부 사람들은 다카스 회원들이 술자리를 즐겨하는 모습을 보고 그리스신화에 나오는 주신酒神 '바카스'를 잘못 표기한 것 아닌가 하는 오해를 하고 있으나, 이 역시 회원들의 모임에 대한 뜨거운 관심과 열정의 발로에 기인한 것으로 기분 나쁘지 않은 오해로 받아들일 만하다.

위 모임을 구상하고 조직한 후 현재까지 이끌고 계신 박사님이 자랑스러운 것은 남들이 수백만 원의 대가를 받으면서 강의하는 것을 무료로 해주시기 때문만은 아니다. 일반 사회에서 행해지고 있는 리더십강좌는 비싼 수업료를 받고 리더십의 기교적인 지식만을 전달하거나 회원들 사이의 사교에 중점을 두고 있는 경우가 있다. 반면 박사님은 많은 사례와 실증연구를 통하여 리더십의 본질은 '인간에 대한 사랑'임을 간파하고 스스로 이를 실천하기 위하여 단순한 교육을 넘어 회원들 상호간에 사람에 대한 사랑을 실천할 수 있는 장을 만들어주는 뜨거운 가슴을 가지셨다. 박사님 스스로 강조하듯이 '세상이 아름다워질 거라고 착각하는 사람들 때문에 세상은 정말 아름다워진다!'는 믿음을 스스로 실천하고 계시다.

세상의 보다 나은 변화를 위하여 한 시대를 뜨거운 열정으로 살아가시는 분들이 있는 한 인천은 늘 행복할 것이다.

헌법의 모습

4

우리는 지금 시대의 발전에 따른 새로운 규범의 필요성을 이야기하면서 헌법개정을 논하고 있다. 그렇다면 현재 우리나라 헌법에는 무슨 문제가 있고 그 문제를 해결하기 위해서는 무슨 노력을 기울여야 할 것인가를 판단해야 한다. 그러면 적어도 지금, 여기 우리의 현실에 직접 효력을 미치고 있는 현행 헌법의 내용이 무엇인지 알아야 하는 것은 아닌가? 다소 어려운 내용의 헌법 전문全文을 그대로 실은 필자의 변명이다.

대한민국헌법

[시행 1988.2.25] [헌법 제10호, 1987.10.29, 전부개정]

전문

유구한 역사와 전통에 빛나는 우리 대한국민은 3·1운동으로 건립된 대한민국임시정부의 법통과 불의에 항거한 4·19민주이념을 계승하고, 조국의 민주개혁과 평화적 통일의 사명에 입각하여 정의·인도와 동포애로써 민족의 단결을 공고히 하고, 모든 사회적 폐습과 불의를 타파하며, 자율과 조화를 바탕으로 자유민주적 기본질서를 더욱 확고히 하여 정치·경제·사회·문화의 모든 영역에 있어서 각인의 기회를 균등히 하고, 능력을 최고도로 발휘하게 하며, 자유와 권리에 따르는 책임과 의무를 완수하게 하여, 안으로는 국민생활의 균등한 향상을 기하고 밖으로는 항구적인 세계평화와 인류공영에 이바지함으로써 우리들과 우리들의 자손의 안전과 자유와 행복을 영원히 확보할 것을 다짐하면서 1948년 7월 12일에 제정되고 8차에 걸쳐 개정된 헌법을 이제 국회의 의결을 거쳐 국민투표에 의하여 개정한다.

제1장 총강

제1조　①대한민국은 민주공화국이다.

　　　　②대한민국의 주권은 국민에게 있고, 모든 권력은 국민으로부터 나온다.

제2조　①대한민국의 국민이 되는 요건은 법률로 정한다.

　　　　②국가는 법률이 정하는 바에 의하여 재외국민을 보호할 의무를 진다.

제3조　대한민국의 영토는 한반도와 그 부속도서로 한다.

제4조　대한민국은 통일을 지향하며, 자유민주적 기본질서에 입각한 평화적 통일 정책을 수립하고 이를 추진한다.

제5조　①대한민국은 국제평화의 유지에 노력하고 침략적 전쟁을 부인한다.

　　　　②국군은 국가의 안전보장과 국토방위의 신성한 의무를 수행함을 사명으로 하며, 그 정치적 중립성은 준수된다.

제6조　①헌법에 의하여 체결·공포된 조약과 일반적으로 승인된 국제법규는 국내법과 같은 효력을 가진다.

　　　　②외국인은 국제법과 조약이 정하는 바에 의하여 그 지위가 보장된다.

제7조 ①공무원은 국민전체에 대한 봉사자이며, 국민에 대하여 책임을 진다.

②공무원의 신분과 정치적 중립성은 법률이 정하는 바에 의하여 보장된다.

제8조 ①정당의 설립은 자유이며, 복수정당제는 보장된다.

②정당은 그 목적·조직과 활동이 민주적이어야 하며, 국민의 정치적 의사형성에 참여하는데 필요한 조직을 가져야 한다.

③정당은 법률이 정하는 바에 의하여 국가의 보호를 받으며, 국가는 법률이 정하는 바에 의하여 정당운영에 필요한 자금을 보조할 수 있다.

④정당의 목적이나 활동이 민주적 기본질서에 위배될 때에는 정부는 헌법재판소에 그 해산을 제소할 수 있고, 정당은 헌법재판소의 심판에 의하여 해산된다.

제9조 국가는 전통문화의 계승·발전과 민족문화의 창달에 노력하여야 한다.

제2장 국민의 권리와 의무

제10조 모든 국민은 인간으로서의 존엄과 가치를 가지며, 행복을 추구할 권리를 가진다. 국가는 개인이 가지는 불가침의 기본적 인권을 확인하고 이를 보장할 의무를 진다.

제11조 ①모든 국민은 법 앞에 평등하다. 누구든지 성별·종교 또는 사회적 신분에 의하여 정치적·경제적·사회적·문화적 생활의 모든 영역에 있어서 차별을 받지 아니한다.

②사회적 특수계급의 제도는 인정되지 아니하며, 어떠한 형태로도 이를 창설할 수 없다.

③훈장등의 영전은 이를 받은 자에게만 효력이 있고, 어떠한 특권도 이에 따르지 아니한다.

제12조 ①모든 국민은 신체의 자유를 가진다. 누구든지 법률에 의하지 아니하고는 체포·구속·압수·수색 또는 심문을 받지 아니하며, 법률과 적법한 절차에 의하지 아니하고는 처벌·보안처분 또는 강제노역을 받지 아니한다.

②모든 국민은 고문을 받지 아니하며, 형사상 자기에게 불리한 진술을 강요당하지 아니한다.

③체포·구속·압수 또는 수색을 할 때에는 적법한 절차에 따라 검사의 신청에 의하여 법관이 발부한 영장을 제시하여야 한다. 다만, 현행범인인 경우와 장기 3년 이상의 형에 해당하는 죄를 범하고 도피 또는 증거인멸의 염려가 있을 때에는 사후에 영장을 청구할 수 있다.

④누구든지 체포 또는 구속을 당한 때에는 즉시 변호인의 조력을 받을 권리를 가진다. 다만, 형사피고인이 스스로 변호인을 구할 수 없을 때에는 법률이 정하는 바에 의하여 국가가 변호인을 붙인다.

⑤누구든지 체포 또는 구속의 이유와 변호인의 조력을 받을 권리가 있음을 고지받지 아니하고는 체포 또는 구속을 당하지 아니한다. 체포 또는 구속을 당한 자의 가족등 법률이 정하는 자에게는 그 이유와 일시·장소가 지체없이 통지되어야 한다.

⑥누구든지 체포 또는 구속을 당한 때에는 적부의 심사를 법원에 청구할 권리를 가진다.

⑦피고인의 자백이 고문·폭행·협박·구속의 부당한 장기화 또는 기망 기타의 방법에 의하여 자의로 진술된 것이 아니라고 인정될 때 또는 정식재판에 있어서 피고인의 자백이 그에게 불리한 유일한 증거일 때에는 이를 유죄의 증거로 삼거나 이를 이유로 처벌할

수 없다.

제13조 ①모든 국민은 행위시의 법률에 의하여 범죄를 구성하지 아니하
는 행위로 소추되지 아니하며, 동일한 범죄에 대하여 거듭 처벌받
지 아니한다.

②모든 국민은 소급입법에 의하여 참정권의 제한을 받거나 재산권
을 박탈당하지 아니한다.

③모든 국민은 자기의 행위가 아닌 친족의 행위로 인하여 불이익
한 처우를 받지 아니한다.

제14조 모든 국민은 거주·이전의 자유를 가진다.

제15조 모든 국민은 직업선택의 자유를 가진다.

제16조 모든 국민은 주거의 자유를 침해받지 아니한다. 주거에 대한 압수
나 수색을 할 때에는 검사의 신청에 의하여 법관이 발부한 영장을
제시하여야 한다.

제17조 모든 국민은 사생활의 비밀과 자유를 침해받지 아니한다.

제18조 모든 국민은 통신의 비밀을 침해받지 아니한다.

제19조 모든 국민은 양심의 자유를 가진다.

제20조 ①모든 국민은 종교의 자유를 가진다.

②국교는 인정되지 아니하며, 종교와 정치는 분리된다.

제21조 ①모든 국민은 언론·출판의 자유와 집회·결사의 자유를 가진다.

②언론·출판에 대한 허가나 검열과 집회·결사에 대한 허가는 인정되지 아니한다.

③통신·방송의 시설기준과 신문의 기능을 보장하기 위하여 필요한 사항은 법률로 정한다.

④언론·출판은 타인의 명예나 권리 또는 공중도덕이나 사회윤리를 침해하여서는 아니된다. 언론·출판이 타인의 명예나 권리를 침해한 때에는 피해자는 이에 대한 피해의 배상을 청구할 수 있다.

제22조 ①모든 국민은 학문과 예술의 자유를 가진다.

②저작자·발명가·과학기술자와 예술가의 권리는 법률로써 보호한다.

제23조 ①모든 국민의 재산권은 보장된다. 그 내용과 한계는 법률로 정한다.

②재산권의 행사는 공공복리에 적합하도록 하여야 한다.

③공공필요에 의한 재산권의 수용·사용 또는 제한 및 그에 대한 보상은 법률로써 하되, 정당한 보상을 지급하여야 한다.

제24조 모든 국민은 법률이 정하는 바에 의하여 선거권을 가진다.

제25조 모든 국민은 법률이 정하는 바에 의하여 공무담임권을 가진다.

제26조 ①모든 국민은 법률이 정하는 바에 의하여 국가기관에 문서로 청
원할 권리를 가진다.

②국가는 청원에 대하여 심사할 의무를 진다.

제27조 ①모든 국민은 헌법과 법률이 정한 법관에 의하여 법률에 의한 재
판을 받을 권리를 가진다.

②군인 또는 군무원이 아닌 국민은 대한민국의 영역안에서는 중
대한 군사상 기밀·초병·초소·유독음식물공급·포로·군용물에 관
한 죄중 법률이 정한 경우와 비상계엄이 선포된 경우를 제외하고
는 군사법원의 재판을 받지 아니한다.

③모든 국민은 신속한 재판을 받을 권리를 가진다. 형사피고인은
상당한 이유가 없는 한 지체없이 공개재판을 받을 권리를 가진다.

④형사피고인은 유죄의 판결이 확정될 때까지는 무죄로 추정된다.

⑤형사피해자는 법률이 정하는 바에 의하여 당해 사건의 재판절차
에서 진술할 수 있다.

제28조 형사피의자 또는 형사피고인으로서 구금되었던 자가 법률이 정하
는 불기소처분을 받거나 무죄판결을 받은 때에는 법률이 정하는
바에 의하여 국가에 정당한 보상을 청구할 수 있다.

제29조 ①공무원의 직무상 불법행위로 손해를 받은 국민은 법률이 정하는

바에 의하여 국가 또는 공공단체에 정당한 배상을 청구할 수 있다. 이 경우 공무원 자신의 책임은 면제되지 아니한다.

②군인·군무원·경찰공무원 기타 법률이 정하는 자가 전투·훈련 등 직무집행과 관련하여 받은 손해에 대하여는 법률이 정하는보상 외에 국가 또는 공공단체에 공무원의 직무상 불법행위로 인한 배상은 청구할 수 없다.

제30조 타인의 범죄행위로 인하여 생명·신체에 대한 피해를 받은 국민은 법률이 정하는 바에 의하여 국가로부터 구조를 받을 수 있다.

제31조 ①모든 국민은 능력에 따라 균등하게 교육을 받을 권리를 가진다.

②모든 국민은 그 보호하는 자녀에게 적어도 초등교육과 법률이 정하는 교육을 받게 할 의무를 진다.

③의무교육은 무상으로 한다.

④교육의 자주성·전문성·정치적 중립성 및 대학의 자율성은 법률이 정하는 바에 의하여 보장된다.

⑤국가는 평생교육을 진흥하여야 한다.

⑥학교교육 및 평생교육을 포함한 교육제도와 그 운영, 교육재정 및 교원의 지위에 관한 기본적인 사항은 법률로 정한다.

제32조 ①모든 국민은 근로의 권리를 가진다. 국가는 사회적·경제적 방법

으로 근로자의 고용의 증진과 적정임금의 보장에 노력하여야 하며, 법률이 정하는 바에 의하여 최저임금제를 시행하여야 한다.

②모든 국민은 근로의 의무를 진다. 국가는 근로의 의무의 내용과 조건을 민주주의원칙에 따라 법률로 정한다.

③근로조건의 기준은 인간의 존엄성을 보장하도록 법률로 정한다.

④여자의 근로는 특별한 보호를 받으며, 고용·임금 및 근로조건에 있어서 부당한 차별을 받지 아니한다.

⑤연소자의 근로는 특별한 보호를 받는다.

⑥국가유공자·상이군경 및 전몰군경의 유가족은 법률이 정하는 바에 의하여 우선적으로 근로의 기회를 부여받는다.

제33조 ①근로자는 근로조건의 향상을 위하여 자주적인 단결권·단체교섭권 및 단체행동권을 가진다.

②공무원인 근로자는 법률이 정하는 자에 한하여 단결권·단체교섭권 및 단체행동권을 가진다.

③법률이 정하는 주요방위산업체에 종사하는 근로자의 단체행동권은 법률이 정하는 바에 의하여 이를 제한하거나 인정하지 아니할 수 있다.

제34조 ①모든 국민은 인간다운 생활을 할 권리를 가진다.

②국가는 사회보장·사회복지의 증진에 노력할 의무를 진다.

③국가는 여자의 복지와 권익의 향상을 위하여 노력하여야 한다.

④국가는 노인과 청소년의 복지향상을 위한 정책을 실시할 의무를 진다.

⑤신체장애자 및 질병·노령 기타의 사유로 생활능력이 없는 국민은 법률이 정하는 바에 의하여 국가의 보호를 받는다.

⑥국가는 재해를 예방하고 그 위험으로부터 국민을 보호하기 위하여 노력하여야 한다.

제35조 ①모든 국민은 건강하고 쾌적한 환경에서 생활할 권리를 가지며, 국가와 국민은 환경보전을 위하여 노력하여야 한다.

②환경권의 내용과 행사에 관하여는 법률로 정한다.

③국가는 주택개발정책 등을 통하여 모든 국민이 쾌적한 주거생활을 할 수 있도록 노력하여야 한다.

제36조 ①혼인과 가족생활은 개인의 존엄과 양성의 평등을 기초로 성립되고 유지되어야 하며, 국가는 이를 보장한다.

②국가는 모성의 보호를 위하여 노력하여야 한다.

③모든 국민은 보건에 관하여 국가의 보호를 받는다.

제37조 ①국민의 자유와 권리는 헌법에 열거되지 아니한 이유로 경시되지

아니한다.

②국민의 모든 자유와 권리는 국가안전보장·질서유지 또는 공공복리를 위하여 필요한 경우에 한하여 법률로써 제한할 수 있으며, 제한하는 경우에도 자유와 권리의 본질적인 내용을 침해할 수 없다.

제38조 모든 국민은 법률이 정하는 바에 의하여 납세의 의무를 진다.

제39조 ①모든 국민은 법률이 정하는 바에 의하여 국방의 의무를 진다.

②누구든지 병역의무의 이행으로 인하여 불이익한 처우를 받지 아니한다.

제3장 국회

제40조 입법권은 국회에 속한다.

제41조 ①국회는 국민의 보통·평등·직접·비밀선거에 의하여 선출된 국회의원으로 구성한다.

②국회의원의 수는 법률로 정하되, 200인 이상으로 한다.

③국회의원의 선거구와 비례대표제 기타 선거에 관한 사항은 법률

로 정한다.

제42조 국회의원의 임기는 4년으로 한다.

제43조 국회의원은 법률이 정하는 직을 겸할 수 없다.

제44조 ①국회의원은 현행범인인 경우를 제외하고는 회기중 국회의 동의
없이 체포 또는 구금되지 아니한다.

②국회의원이 회기전에 체포 또는 구금된 때에는 현행범인이 아닌
한 국회의 요구가 있으면 회기중 석방된다.

제45조 국회의원은 국회에서 직무상 행한 발언과 표결에 관하여 국회외에
서 책임을 지지 아니한다.

제46조 ①국회의원은 청렴의 의무가 있다.

②국회의원은 국가이익을 우선하여 양심에 따라 직무를 행한다.

③국회의원은 그 지위를 남용하여 국가·공공단체 또는 기업체와
의 계약이나 그 처분에 의하여 재산상의 권리·이익 또는 직위를
취득하거나 타인을 위하여 그 취득을 알선할 수 없다.

제47조 ①국회의 정기회는 법률이 정하는 바에 의하여 매년 1회 집회되
며, 국회의 임시회는 대통령 또는 국회재적의원 4분의 1 이상의 요
구에 의하여 집회된다.

②정기회의 회기는 100일을, 임시회의 회기는 30일을 초과할 수

없다.

③대통령이 임시회의 집회를 요구할 때에는 기간과 집회요구의 이유를 명시하여야 한다.

제48조 국회는 의장 1인과 부의장 2인을 선출한다.

제49조 국회는 헌법 또는 법률에 특별한 규정이 없는 한 재적의원 과반수의 출석과 출석의원 과반수의 찬성으로 의결한다. 가부동수인 때에는 부결된 것으로 본다.

제50조 ①국회의 회의는 공개한다. 다만, 출석의원 과반수의 찬성이 있거나 의장이 국가의 안전보장을 위하여 필요하다고 인정할 때에는 공개하지 아니할 수 있다.

②공개하지 아니한 회의내용의 공표에 관하여는 법률이 정하는 바에 의한다.

제51조 국회에 제출된 법률안 기타의 의안은 회기중에 의결되지 못한 이유로 폐기되지 아니한다. 다만, 국회의원의 임기가 만료된 때에는 그러하지 아니하다.

제52조 국회의원과 정부는 법률안을 제출할 수 있다.

제53조 ①국회에서 의결된 법률안은 정부에 이송되어 15일 이내에 대통령이 공포한다.

②법률안에 이의가 있을 때에는 대통령은 제1항의 기간내에 이의서를 붙여 국회로 환부하고, 그 재의를 요구할 수 있다. 국회의 폐회중에도 또한 같다.

③대통령은 법률안의 일부에 대하여 또는 법률안을 수정하여 재의를 요구할 수 없다.

④재의의 요구가 있을 때에는 국회는 재의에 붙이고, 재적의원 과반수의 출석과 출석의원 3분의 2 이상의 찬성으로 전과 같은 의결을 하면 그 법률안은 법률로서 확정된다.

⑤대통령이 제1항의 기간내에 공포나 재의의 요구를 하지 아니한 때에도 그 법률안은 법률로서 확정된다.

⑥대통령은 제4항과 제5항의 규정에 의하여 확정된 법률을 지체없이 공포하여야 한다. 제5항에 의하여 법률이 확정된 후 또는 제4항에 의한 확정법률이 정부에 이송된 후 5일 이내에 대통령이 공포하지 아니할 때에는 국회의장이 이를 공포한다.

⑦법률은 특별한 규정이 없는 한 공포한 날로부터 20일을 경과함으로써 효력을 발생한다.

제54조 ①국회는 국가의 예산안을 심의·확정한다.

②정부는 회계연도마다 예산안을 편성하여 회계연도 개시 90일 전

까지 국회에 제출하고, 국회는 회계연도 개시 30일 전까지 이를 의결하여야 한다.

③새로운 회계연도가 개시될 때까지 예산안이 의결되지 못한 때에는 정부는 국회에서 예산안이 의결될 때까지 다음의 목적을 위한 경비는 전년도 예산에 준하여 집행할 수 있다.

1. 헌법이나 법률에 의하여 설치된 기관 또는 시설의 유지·운영
2. 법률상 지출의무의 이행
3. 이미 예산으로 승인된 사업의 계속

제55조 ①한 회계연도를 넘어 계속하여 지출할 필요가 있을 때에는 정부는 연한을 정하여 계속비로서 국회의 의결을 얻어야 한다.

②예비비는 총액으로 국회의 의결을 얻어야 한다. 예비비의 지출은 차기국회의 승인을 얻어야 한다.

제56조 정부는 예산에 변경을 가할 필요가 있을 때에는 추가경정예산안을 편성하여 국회에 제출할 수 있다.

제57조 국회는 정부의 동의없이 정부가 제출한 지출예산 각항의 금액을 증가하거나 새 비목을 설치할 수 없다.

제58조 국채를 모집하거나 예산외에 국가의 부담이 될 계약을 체결하려 할 때에는 정부는 미리 국회의 의결을 얻어야 한다.

제59조 조세의 종목과 세율은 법률로 정한다.

제60조 ①국회는 상호원조 또는 안전보장에 관한 조약, 중요한 국제조직에 관한 조약, 우호통상항해조약, 주권의 제약에 관한 조약, 강화조약, 국가나 국민에게 중대한 재정적 부담을 지우는 조약 또는 입법사항에 관한 조약의 체결·비준에 대한 동의권을 가진다.

②국회는 선전포고, 국군의 외국에의 파견 또는 외국군대의 대한민국 영역안에서의 주류에 대한 동의권을 가진다.

제61조 ①국회는 국정을 감사하거나 특정한 국정사안에 대하여 조사할 수 있으며, 이에 필요한 서류의 제출 또는 증인의 출석과 증언이나 의견의 진술을 요구할 수 있다.

②국정감사 및 조사에 관한 절차 기타 필요한 사항은 법률로 정한다.

제62조 ①국무총리·국무위원 또는 정부위원은 국회나 그 위원회에 출석하여 국정처리상황을 보고하거나 의견을 진술하고 질문에 응답할 수 있다.

②국회나 그 위원회의 요구가 있을 때에는 국무총리·국무위원 또는 정부위원은 출석·답변하여야 하며, 국무총리 또는 국무위원이 출석요구를 받은 때에는 국무위원 또는 정부위원으로 하여금 출

석·답변하게 할 수 있다.

제63조 ①국회는 국무총리 또는 국무위원의 해임을 대통령에게 건의할 수 있다.

②제1항의 해임건의는 국회재적의원 3분의 1 이상의 발의에 의하여 국회재적의원 과반수의 찬성이 있어야 한다.

제64조 ①국회는 법률에 저촉되지 아니하는 범위안에서 의사와 내부규율에 관한 규칙을 제정할 수 있다.

②국회는 의원의 자격을 심사하며, 의원을 징계할 수 있다.

③의원을 제명하려면 국회재적의원 3분의 2 이상의 찬성이 있어야 한다.

④제2항과 제3항의 처분에 대하여는 법원에 제소할 수 없다.

제65조 ①대통령·국무총리·국무위원·행정각부의 장·헌법재판소 재판관·법관·중앙선거관리위원회 위원·감사원장·감사위원 기타 법률이 정한 공무원이 그 직무집행에 있어서 헌법이나 법률을 위배한 때에는 국회는 탄핵의 소추를 의결할 수 있다.

②제1항의 탄핵소추는 국회재적의원 3분의 1 이상의 발의가 있어야 하며, 그 의결은 국회재적의원 과반수의 찬성이 있어야 한다. 다만, 대통령에 대한 탄핵소추는 국회재적의원 과반수의 발의와

국회재적의원 3분의 2 이상의 찬성이 있어야 한다.

③탄핵소추의 의결을 받은 자는 탄핵심판이 있을 때까지 그 권한 행사가 정지된다.

④탄핵결정은 공직으로부터 파면함에 그친다. 그러나, 이에 의하여 민사상이나 형사상의 책임이 면제되지는 아니한다.

제4장 정부

제1절 대통령

제66조 ①대통령은 국가의 원수이며, 외국에 대하여 국가를 대표한다.

②대통령은 국가의 독립·영토의 보전·국가의 계속성과 헌법을 수호할 책무를 진다.

③대통령은 조국의 평화적 통일을 위한 성실한 의무를 진다.

④행정권은 대통령을 수반으로 하는 정부에 속한다.

제67조 ①대통령은 국민의 보통·평등·직접·비밀선거에 의하여 선출한다.

②제1항의 선거에 있어서 최고득표자가 2인 이상인 때에는 국회의

재적의원 과반수가 출석한 공개회의에서 다수표를 얻은 자를 당선자로 한다.

③대통령후보자가 1인일 때에는 그 득표수가 선거권자 총수의 3분의 1 이상이 아니면 대통령으로 당선될 수 없다.

④대통령으로 선거될 수 있는 자는 국회의원의 피선거권이 있고 선거일 현재 40세에 달하여야 한다.

⑤대통령의 선거에 관한 사항은 법률로 정한다.

제68조 ①대통령의 임기가 만료되는 때에는 임기만료 70일 내지 40일 전에 후임자를 선거한다.

②대통령이 궐위된 때 또는 대통령 당선자가 사망하거나 판결 기타의 사유로 그 자격을 상실한 때에는 60일 이내에 후임자를 선거한다.

제69조 대통령은 취임에 즈음하여 다음의 선서를 한다.

"나는 헌법을 준수하고 국가를 보위하며 조국의 평화적 통일과 국민의 자유와 복리의 증진 및 민족문화의 창달에 노력하여 대통령으로서의 직책을 성실히 수행할 것을 국민 앞에 엄숙히 선서합니다."

제70조 대통령의 임기는 5년으로 하며, 중임할 수 없다.

제71조 대통령이 궐위되거나 사고로 인하여 직무를 수행할 수 없을 때에

는 국무총리, 법률이 정한 국무위원의 순서로 그 권한을 대행한다.

제72조 대통령은 필요하다고 인정할 때에는 외교·국방·통일 기타 국가안
위에 관한 중요정책을 국민투표에 붙일 수 있다.

제73조 대통령은 조약을 체결·비준하고, 외교사절을 신임·접수 또는 파
견하며, 선전포고와 강화를 한다.

제74조 ①대통령은 헌법과 법률이 정하는 바에 의하여 국군을 통수한다.
②국군의 조직과 편성은 법률로 정한다.

제75조 대통령은 법률에서 구체적으로 범위를 정하여 위임받은 사항과 법
률을 집행하기 위하여 필요한 사항에 관하여 대통령령을 발할 수
있다.

제76조 ①대통령은 내우·외환·천재·지변 또는 중대한 재정·경제상의 위
기에 있어서 국가의 안전보장 또는 공공의 안녕질서를 유지하기
위하여 긴급한 조치가 필요하고 국회의 집회를 기다릴 여유가 없
을 때에 한하여 최소한으로 필요한 재정·경제상의 처분을 하거나
이에 관하여 법률의 효력을 가지는 명령을 발할 수 있다.
②대통령은 국가의 안위에 관계되는 중대한 교전상태에 있어서 국
가를 보위하기 위하여 긴급한 조치가 필요하고 국회의 집회가 불
가능한 때에 한하여 법률의 효력을 가지는 명령을 발할 수 있다.

③대통령은 제1항과 제2항의 처분 또는 명령을 한 때에는 지체없이 국회에 보고하여 그 승인을 얻어야 한다.

④제3항의 승인을 얻지 못한 때에는 그 처분 또는 명령은 그때부터 효력을 상실한다. 이 경우 그 명령에 의하여 개정 또는 폐지되었던 법률은 그 명령이 승인을 얻지 못한 때부터 당연히 효력을 회복한다.

⑤대통령은 제3항과 제4항의 사유를 지체없이 공포하여야 한다.

제77조 ①대통령은 전시·사변 또는 이에 준하는 국가비상사태에 있어서 병력으로써 군사상의 필요에 응하거나 공공의 안녕질서를 유지할 필요가 있을 때에는 법률이 정하는 바에 의하여 계엄을 선포할 수 있다.

②계엄은 비상계엄과 경비계엄으로 한다.

③비상계엄이 선포된 때에는 법률이 정하는 바에 의하여 영장제도, 언론·출판·집회·결사의 자유, 정부나 법원의 권한에 관하여 특별한 조치를 할 수 있다.

④계엄을 선포한 때에는 대통령은 지체없이 국회에 통고하여야 한다.

⑤국회가 재적의원 과반수의 찬성으로 계엄의 해제를 요구한 때에

는 대통령은 이를 해제하여야 한다.

제78조 대통령은 헌법과 법률이 정하는 바에 의하여 공무원을 임면한다.

제79조 ①대통령은 법률이 정하는 바에 의하여 사면·감형 또는 복권을 명할 수 있다.

②일반사면을 명하려면 국회의 동의를 얻어야 한다.

③사면·감형 및 복권에 관한 사항은 법률로 정한다.

제80조 대통령은 법률이 정하는 바에 의하여 훈장 기타의 영전을 수여한다.

제81조 대통령은 국회에 출석하여 발언하거나 서한으로 의견을 표시할 수 있다.

제82조 대통령의 국법상 행위는 문서로써 하며, 이 문서에는 국무총리와 관계 국무위원이 부서한다. 군사에 관한 것도 또한 같다.

제83조 대통령은 국무총리·국무위원·행정각부의 장 기타 법률이 정하는 공사의 직을 겸할 수 없다.

제84조 대통령은 내란 또는 외환의 죄를 범한 경우를 제외하고는 재직중 형사상의 소추를 받지 아니한다.

제85조 전직대통령의 신분과 예우에 관하여는 법률로 정한다.

제2절 행정부

제1관 국무총리와 국무위원

제86조 ①국무총리는 국회의 동의를 얻어 대통령이 임명한다.

②국무총리는 대통령을 보좌하며, 행정에 관하여 대통령의 명을 받아 행정각부를 통할한다.

③군인은 현역을 면한 후가 아니면 국무총리로 임명될 수 없다.

제87조 ①국무위원은 국무총리의 제청으로 대통령이 임명한다.

②국무위원은 국정에 관하여 대통령을 보좌하며, 국무회의의 구성원으로서 국정을 심의한다.

③국무총리는 국무위원의 해임을 대통령에게 건의할 수 있다.

④군인은 현역을 면한 후가 아니면 국무위원으로 임명될 수 없다.

제2관 국무회의

제88조 ①국무회의는 정부의 권한에 속하는 중요한 정책을 심의한다.

②국무회의는 대통령·국무총리와 15인 이상 30인 이하의 국무위원으로 구성한다.

③대통령은 국무회의의 의장이 되고, 국무총리는 부의장이 된다.

제89조 다음 사항은 국무회의의 심의를 거쳐야 한다.

1. 국정의 기본계획과 정부의 일반정책

2. 선전·강화 기타 중요한 대외정책

3. 헌법개정안·국민투표안·조약안·법률안 및 대통령령안

4. 예산안·결산·국유재산처분의 기본계획·국가의 부담이 될 계약 기타 재정에 관한 중요사항

5. 대통령의 긴급명령·긴급재정경제처분 및 명령 또는 계엄과 그 해제

6. 군사에 관한 중요사항

7. 국회의 임시회 집회의 요구

8. 영전수여

9. 사면·감형과 복권

10. 행정각부간의 권한의 획정

11. 정부안의 권한의 위임 또는 배정에 관한 기본계획

12. 국정처리상황의 평가·분석

13. 행정각부의 중요한 정책의 수립과 조정

14. 정당해산의 제소

15. 정부에 제출 또는 회부된 정부의 정책에 관계되는 청원의

심사

16. 검찰총장·합동참모의장·각군참모총장·국립대학교총장·대
사 기타 법률이 정한 공무원과 국영기업체관리자의 임명

17. 기타 대통령·국무총리 또는 국무위원이 제출한 사항

제90조 ①국정의 중요한 사항에 관한 대통령의 자문에 응하기 위하여 국
가원로로 구성되는 국가원로자문회의를 둘 수 있다.

②국가원로자문회의의 의장은 직전대통령이 된다. 다만, 직전대
통령이 없을 때에는 대통령이 지명한다.

③국가원로자문회의의 조직·직무범위 기타 필요한 사항은 법률로
정한다.

제91조 ①국가안전보장에 관련되는 대외정책·군사정책과 국내정책의 수
립에 관하여 국무회의의 심의에 앞서 대통령의 자문에 응하기 위
하여 국가안전보장회의를 둔다.

②국가안전보장회의는 대통령이 주재한다.

③국가안전보장회의의 조직·직무범위 기타 필요한 사항은 법률로
정한다.

제92조 ①평화통일정책의 수립에 관한 대통령의 자문에 응하기 위하여 민
주평화통일자문회의를 둘 수 있다.

②민주평화통일자문회의의 조직·직무범위 기타 필요한 사항은 법률로 정한다.

제93조 ①국민경제의 발전을 위한 중요정책의 수립에 관하여 대통령의 자문에 응하기 위하여 국민경제자문회의를 둘 수 있다.

②국민경제자문회의의 조직·직무범위 기타 필요한 사항은 법률로 정한다.

제3관 행정각부

제94조 행정각부의 장은 국무위원 중에서 국무총리의 제청으로 대통령이 임명한다.

제95조 국무총리 또는 행정각부의 장은 소관사무에 관하여 법률이나 대통령령의 위임 또는 직권으로 총리령 또는 부령을 발할 수 있다.

제96조 행정각부의 설치·조직과 직무범위는 법률로 정한다.

제4관 감사원

제97조 국가의 세입·세출의 결산, 국가 및 법률이 정한 단체의 회계검사와 행정기관 및 공무원의 직무에 관한 감찰을 하기 위하여 대통령 소속하에 감사원을 둔다.

제98조 ①감사원은 원장을 포함한 5인 이상 11인 이하의 감사위원으로 구성한다.

②원장은 국회의 동의를 얻어 대통령이 임명하고, 그 임기는 4년으로 하며, 1차에 한하여 중임할 수 있다.

③감사위원은 원장의 제청으로 대통령이 임명하고, 그 임기는 4년으로 하며, 1차에 한하여 중임할 수 있다.

제99조 감사원은 세입·세출의 결산을 매년 검사하여 대통령과 차년도 국회에 그 결과를 보고하여야 한다.

제100조 감사원의 조직·직무범위·감사위원의 자격·감사대상공무원의 범위 기타 필요한 사항은 법률로 정한다.

제5장 법원

제101조 ①사법권은 법관으로 구성된 법원에 속한다.

②법원은 최고법원인 대법원과 각급법원으로 조직된다.

③법관의 자격은 법률로 정한다.

제102조 ①대법원에 부를 둘 수 있다.

②대법원에 대법관을 둔다. 다만, 법률이 정하는 바에 의하여 대법관이 아닌 법관을 둘 수 있다.

③대법원과 각급법원의 조직은 법률로 정한다.

제103조 법관은 헌법과 법률에 의하여 그 양심에 따라 독립하여 심판한다.

제104조 ①대법원장은 국회의 동의를 얻어 대통령이 임명한다.

②대법관은 대법원장의 제청으로 국회의 동의를 얻어 대통령이 임명한다.

③대법원장과 대법관이 아닌 법관은 대법관회의의 동의를 얻어 대법원장이 임명한다.

제105조 ①대법원장의 임기는 6년으로 하며, 중임할 수 없다.

②대법관의 임기는 6년으로 하며, 법률이 정하는 바에 의하여 연임할 수 있다.

③대법원장과 대법관이 아닌 법관의 임기는 10년으로 하며, 법률이 정하는 바에 의하여 연임할 수 있다.

④법관의 정년은 법률로 정한다.

제106조 ①법관은 탄핵 또는 금고 이상의 형의 선고에 의하지 아니하고는 파면되지 아니하며, 징계처분에 의하지 아니하고는 정직·감봉 기타 불리한 처분을 받지 아니한다.

②법관이 중대한 심신상의 장해로 직무를 수행할 수 없을 때에는 법률이 정하는 바에 의하여 퇴직하게 할 수 있다.

제107조 ①법률이 헌법에 위반되는 여부가 재판의 전제가 된 경우에는 법원은 헌법재판소에 제청하여 그 심판에 의하여 재판한다.

②명령·규칙 또는 처분이 헌법이나 법률에 위반되는 여부가 재판의 전제가 된 경우에는 대법원은 이를 최종적으로 심사할 권한을 가진다.

③재판의 전심절차로서 행정심판을 할 수 있다. 행정심판의 절차는 법률로 정하되, 사법절차가 준용되어야 한다.

제108조 대법원은 법률에 저촉되지 아니하는 범위안에서 소송에 관한 절차, 법원의 내부규율과 사무처리에 관한 규칙을 제정할 수 있다.

제109조 재판의 심리와 판결은 공개한다. 다만, 심리는 국가의 안전보장 또는 안녕질서를 방해하거나 선량한 풍속을 해할 염려가 있을 때에는 법원의 결정으로 공개하지 아니할 수 있다.

제110조 ①군사재판을 관할하기 위하여 특별법원으로서 군사법원을 둘 수 있다.

②군사법원의 상고심은 대법원에서 관할한다.

③군사법원의 조직·권한 및 재판관의 자격은 법률로 정한다.

④비상계엄하의 군사재판은 군인·군무원의 범죄나 군사에 관한 간첩죄의 경우와 초병·초소·유독음식물공급·포로에 관한 죄중 법률이 정한 경우에 한하여 단심으로 할 수 있다. 다만, 사형을 선고한 경우에는 그러하지 아니하다.

제6장 헌법재판소

제111조   ①헌법재판소는 다음 사항을 관장한다.

　　　　 1. 법원의 제청에 의한 법률의 위헌여부 심판

　　　　 2. 탄핵의 심판

　　　　 3. 정당의 해산 심판

　　　　 4. 국가기관 상호간, 국가기관과 지방자치단체간 및 지방자치단체 상호간의 권한쟁의에 관한 심판

　　　　 5. 법률이 정하는 헌법소원에 관한 심판

②헌법재판소는 법관의 자격을 가진 9인의 재판관으로 구성하며, 재판관은 대통령이 임명한다.

③제2항의 재판관중 3인은 국회에서 선출하는 자를, 3인은 대법

원장이 지명하는 자를 임명한다.

④헌법재판소의 장은 국회의 동의를 얻어 재판관중에서 대통령이 임명한다.

제112조 ①헌법재판소 재판관의 임기는 6년으로 하며, 법률이 정하는 바에 의하여 연임할 수 있다.

②헌법재판소 재판관은 정당에 가입하거나 정치에 관여할 수 없다.

③헌법재판소 재판관은 탄핵 또는 금고 이상의 형의 선고에 의하지 아니하고는 파면되지 아니한다.

제113조 ①헌법재판소에서 법률의 위헌결정, 탄핵의 결정, 정당해산의 결정 또는 헌법소원에 관한 인용결정을 할 때에는 재판관 6인 이상의 찬성이 있어야 한다.

②헌법재판소는 법률에 저촉되지 아니하는 범위안에서 심판에 관한 절차, 내부규율과 사무처리에 관한 규칙을 제정할 수 있다.

③헌법재판소의 조직과 운영 기타 필요한 사항은 법률로 정한다.

제7장 선거관리

제114조 ①선거와 국민투표의 공정한 관리 및 정당에 관한 사무를 처리하기 위하여 선거관리위원회를 둔다.

②중앙선거관리위원회는 대통령이 임명하는 3인, 국회에서 선출하는 3인과 대법원장이 지명하는 3인의 위원으로 구성한다. 위원장은 위원중에서 호선한다.

③위원의 임기는 6년으로 한다.

④위원은 정당에 가입하거나 정치에 관여할 수 없다.

⑤위원은 탄핵 또는 금고 이상의 형의 선고에 의하지 아니하고는 파면되지 아니한다.

⑥중앙선거관리위원회는 법령의 범위안에서 선거관리·국민투표관리 또는 정당사무에 관한 규칙을 제정할 수 있으며, 법률에 저촉되지 아니하는 범위안에서 내부규율에 관한 규칙을 제정할 수 있다.

⑦각급 선거관리위원회의 조직·직무범위 기타 필요한 사항은 법률로 정한다.

제115조 ①각급 선거관리위원회는 선거인명부의 작성 등 선거사무와 국민

투표사무에 관하여 관계 행정기관에 필요한 지시를 할 수 있다.

②제1항의 지시를 받은 당해 행정기관은 이에 응하여야 한다.

제116조 ①선거운동은 각급 선거관리위원회의 관리하에 법률이 정하는 범위안에서 하되, 균등한 기회가 보장되어야 한다.

②선거에 관한 경비는 법률이 정하는 경우를 제외하고는 정당 또는 후보자에게 부담시킬 수 없다.

제8장 지방자치

제117조 ①지방자치단체는 주민의 복리에 관한 사무를 처리하고 재산을 관리하며, 법령의 범위안에서 자치에 관한 규정을 제정할 수 있다.

②지방자치단체의 종류는 법률로 정한다.

제118조 ①지방자치단체에 의회를 둔다.

②지방의회의 조직·권한·의원선거와 지방자치단체의 장의 선임방법 기타 지방자치단체의 조직과 운영에 관한 사항은 법률로 정한다.

제9장 경제

제119조 ①대한민국의 경제질서는 개인과 기업의 경제상의 자유와 창의를
존중함을 기본으로 한다.

②국가는 균형있는 국민경제의 성장 및 안정과 적정한 소득의 분
배를 유지하고, 시장의 지배와 경제력의 남용을 방지하며, 경제주
체간의 조화를 통한 경제의 민주화를 위하여 경제에 관한 규제와
조정을 할 수 있다.

제120조 ①광물 기타 중요한 지하자원·수산자원·수력과 경제상 이용할 수
있는 자연력은 법률이 정하는 바에 의하여 일정한 기간 그 채취·
개발 또는 이용을 특허할 수 있다.

②국토와 자원은 국가의 보호를 받으며, 국가는 그 균형있는 개발
과 이용을 위하여 필요한 계획을 수립한다.

제121조 ①국가는 농지에 관하여 경자유전의 원칙이 달성될 수 있도록 노
력하여야 하며, 농지의 소작제도는 금지된다.

②농업생산성의 제고와 농지의 합리적인 이용을 위하거나 불가피
한 사정으로 발생하는 농지의 임대차와 위탁경영은 법률이 정하
는 바에 의하여 인정된다.

제122조 국가는 국민 모두의 생산 및 생활의 기반이 되는 국토의 효율적이고 균형있는 이용·개발과 보전을 위하여 법률이 정하는 바에 의하여 그에 관한 필요한 제한과 의무를 과할 수 있다.

제123조 ①국가는 농업 및 어업을 보호·육성하기 위하여 농·어촌 종합개발과 그 지원등 필요한 계획을 수립·시행하여야 한다.

②국가는 지역간의 균형있는 발전을 위하여 지역경제를 육성할 의무를 진다.

③국가는 중소기업을 보호·육성하여야 한다.

④국가는 농수산물의 수급균형과 유통구조의 개선에 노력하여 가격안정을 도모함으로써 농·어민의 이익을 보호한다.

⑤국가는 농·어민과 중소기업의 자조조직을 육성하여야 하며, 그 자율적 활동과 발전을 보장한다.

제124조 국가는 건전한 소비행위를 계도하고 생산품의 품질향상을 촉구하기 위한 소비자보호운동을 법률이 정하는 바에 의하여 보장한다.

제125조 국가는 대외무역을 육성하며, 이를 규제·조정할 수 있다.

제126조 국방상 또는 국민경제상 긴절한 필요로 인하여 법률이 정하는 경우를 제외하고는, 사영기업을 국유 또는 공유로 이전하거나 그 경영을 통제 또는 관리할 수 없다.

제127조 ①국가는 과학기술의 혁신과 정보 및 인력의 개발을 통하여 국민 경제의 발전에 노력하여야 한다.

②국가는 국가표준제도를 확립한다.

③대통령은 제1항의 목적을 달성하기 위하여 필요한 자문기구를 둘 수 있다.

제10장 헌법개정

제128조 ①헌법개정은 국회재적의원 과반수 또는 대통령의 발의로 제안된다.

②대통령의 임기연장 또는 중임변경을 위한 헌법개정은 그 헌법개정 제안 당시의 대통령에 대하여는 효력이 없다.

제129조 제안된 헌법개정안은 대통령이 20일 이상의 기간 이를 공고하여야 한다.

제130조 ①국회는 헌법개정안이 공고된 날로부터 60일 이내에 의결하여야 하며, 국회의 의결은 재적의원 3분의 2 이상의 찬성을 얻어야 한다.

②헌법개정안은 국회가 의결한 후 30일 이내에 국민투표에 붙여 국회의원선거권자 과반수의 투표와 투표자 과반수의 찬성을 얻어야 한다.

③헌법개정안이 제2항의 찬성을 얻은 때에는 헌법개정은 확정되며, 대통령은 즉시 이를 공포하여야 한다.

부칙 〈헌법 제10호, 1987.10.29〉

제1조 이 헌법은 1988년 2월 25일부터 시행한다. 다만, 이 헌법을 시행하기 위하여 필요한 법률의 제정·개정과 이 헌법에 의한 대통령 및 국회의원의 선거 기타 이 헌법시행에 관한 준비는 이 헌법시행 전에 할 수 있다.

제2조 ①이 헌법에 의한 최초의 대통령선거는 이 헌법시행일 40일 전까지 실시한다.

②이 헌법에 의한 최초의 대통령의 임기는 이 헌법시행일로부터 개시한다.

제3조 ①이 헌법에 의한 최초의 국회의원선거는 이 헌법공포일로부터 6월 이내에 실시하며, 이 헌법에 의하여 선출된 최초의 국회의원의 임기는 국회의원선거후 이 헌법에 의한 국회의 최초의 집회일로부터 개시한다.

②이 헌법공포 당시의 국회의원의 임기는 제1항에 의한 국회의 최초의 집회일 전일까지로 한다.

제4조 ①이 헌법시행 당시의 공무원과 정부가 임명한 기업체의 임원은 이 헌법에 의하여 임명된 것으로 본다. 다만, 이 헌법에 의하여 선임방

법이나 임명권자가 변경된 공무원과 대법원장 및 감사원장은 이 헌법에 의하여 후임자가 선임될 때까지 그 직무를 행하며, 이 경우 전임자인 공무원의 임기는 후임자가 선임되는 전일까지로 한다.

②이 헌법시행 당시의 대법원장과 대법원판사가 아닌 법관은 제1항 단서의 규정에 불구하고 이 헌법에 의하여 임명된 것으로 본다.

③이 헌법중 공무원의 임기 또는 중임제한에 관한 규정은 이 헌법에 의하여 그 공무원이 최초로 선출 또는 임명된 때로부터 적용한다.

제5조 이 헌법시행 당시의 법령과 조약은 이 헌법에 위배되지 아니하는 한 그 효력을 지속한다.

제6조 이 헌법시행 당시에 이 헌법에 의하여 새로 설치될 기관의 권한에 속하는 직무를 행하고 있는 기관은 이 헌법에 의하여 새로운 기관이 설치될 때까지 존속하며 그 직무를 행한다.